그렇게
    심각할 필요 없어

그렇게 심각할 필요 없어

초판 1쇄 발행 2021년 4월 9일
초판 2쇄 발행 2021년 5월 28일

지은이 유인경
펴낸이 이범상
펴낸곳 (주)비전비엔피 · 애플북스

기획편집 이경원 현민경 차재호 김승희 김연희 고연경 최유진 황서연 김태은 박승연 김혜경
디자인 최원영 이상재 한우리
마케팅 이성호 최은석 전상미
전자책 김성화 김희정 이병준
관리 이다정

주소 우)04034 서울시 마포구 잔다리로7길 12 (서교동)
전화 02)338-2411 | **팩스** 02)338-2413
홈페이지 www.visionbp.co.kr
인스타그램 www.instagram.com/visioncorea
포스트 post.naver.com/visioncorea
이메일 visioncorea@naver.com
원고투고 editor@visionbp.co.kr

등록번호 제313-2007-000012호

ISBN 979-11-90147-64-4   03320

도서에 대한 소식과 콘텐츠를
받아보고 싶으신가요?

그렇게 심각할 필요 없어

유인경 지음

애플북스

더욱 울창해지기로 했다

나는 지능이 뛰어나거나 판단력이 탁월하지는 않지만 기억력은 좋은 편이다. 영국 헨리 8세의 여섯 부인들의 이름, 프랑스 소설 《몽테크리스토 백작》의 시시한 등장인물들, 어린 시절 내가 살던 동네의 골목 풍경, 친구 정숙이가 초등학교 4학년 때 입었던 원피스의 꽃무늬를 선명히 기억한다.

그런데 이상하게도 내 인생에서 기억이 잘 나지 않는 '구간'이 있다. 엄마가 돌아가신 해가 몇 연도인지, 지금 사는 집에 언제 이사 왔는지, 그때 나를 은근히 괴롭히던 사람 이름 등등 가물가물 모호한 부분이 많은 시기, 바로 나의 중년기다. 그래서 주변 사람들에게 항상 이렇게 말하곤 했다.

"난 중년의 위기나 갱년기를 전혀 겪지 않았어요. 우울하거나 침잠한 적도 없고 불면증으로 고생하거나 시도 때도 없이 열이 나거나 분노 조절이 안 되는 증세를 한 번도 체험하지 않았거든요. 워낙 둔감한 성격이어서 그런가, 아니면 당시에 너무 바빠서 그랬을 수도 있어요…. 그래서 나는 중년이나 갱년기에 대해서는 딱히 할 말이 없어요."

그런 속사정을 모르는 이들이 내게 자꾸 질문을 던지기 시작했다. 어떻게 중년기를 버텨서 무사히 정년퇴직까지 할 수 있었는지, 수시로 사표를 내거나 이혼서류를 던지고 싶을 때 어떻게 견뎠는지, 자녀와의 갈등은 어떻게 해결하고, 육십 대 이후에도 계속 일을 하는 비결은 무엇인지….

출판사로부터 중년의 터널을 지나온 인생 선배로서 후배들에게 조언이 담긴 책을 써달라는 제안을 받아도 선뜻 응할 수가 없었다. 분명히 중년기를 통과했지만, 특별히 사무치는 중년에 대한 애환이나 기억은 거의 떠오르지 않았기 때문이다. 아파보지도 않은 사람에게 질병 극복기를 쓰라거나, 화려한 성취를 얻지도 않았는데 성공담으로 포장하라는 것 같아서 더욱 주저됐다. 칼럼이나 책, 방송 등을 통해 무수히 내 이야기를 쓰고 말했는데 왜 '중년'이나 '갱년기'에 대해서는 자꾸 망설여지는 걸까 나도 의아했다.

수십여 년간 나를 지켜본 친구들, 나의 중년기를 관찰한 후배들, 그리고 나보다 먼저 노년의 문에 들어선 선배들과 이야기를 나누다가 나는 깨달았다. 내가 그 시절을 잘 기억하지 못하는 건 평화로운 꽃길을 걸어와서가 아니라 너무 상처가 많아서 어쩌면 무의식적으로 꽁꽁 감싸서 기억의 저편에 보내버린 것이란 걸.

차근차근 더듬어 보니 나의 삼십 대 중반부터 사십 대는 전쟁터였다. 사업이 망한 남편, 치매 걸린 엄마, 당시엔 어렸던 딸아이를 책임져야 했고, 신문기자란 본업 외에도 방송 출연이나 집필 등으로 수면 시간이 늘 부족했다. 다크서클이 턱 밑까지 내려올 정도로 피곤했지만 직장이건 가정이건 내 일을 대신해 줄 이도 없었다. 급성 천식, 쓸개 제거 수술 등 난치병이 차례로 찾아왔고 해야 할 일이 너무 많아 정작 하고 싶은 일이 무엇인지, 아니 내 삶의 목적조차 의식하지 못하고 매일매일 학습지를 풀듯 살아냈다. 당시엔 나 자신에 대한 애틋한 연민조차 사치였다.

그 시절에 분명히 비명에 가까운 신음을 지르고 펑펑 울기도 하고 너무 억울해서 하늘에 주먹질도 자주 했지만, 그

와중에서도 참 많이 웃고 행복해하고 매일 뭔가를 배우고 사람들과 관계를 유지했다. 쓸쓸하고 고단하고 계절에 상관없이 세상이 툰드라 지역처럼 춥고 삭막하게 느껴졌어도 가끔 따스한 햇볕과 꽃향기도 맡았다. 직장에서도 집에서도 칭찬이나 감사의 말을 듣기보다 사과의 말을 더 자주 했고 모욕과 부끄러움에 투명인간이 되고 싶은 순간도 많았지만, 와락 안기는 딸아이의 포옹에, 친구들이 토닥이는 위로의 말에, 생면부지의 독자들이 달아 준 살가운 댓글에 바닥을 보이던 내 자존감의 배터리가 다시금 채워졌다.

그러다 오십이 넘고부터 경이롭게도 그토록 가혹하고 냉정하고 때론 잔인하게 느껴지던 세상이 내게 다정하고 따뜻해지기 시작했다. 육십이 넘고 나니 예전보다 성격도 착해지고(내 생각으로는) 무엇보다 나에게 친절해지고 나를 아껴 주게 되었다. 미운 오리 새끼가 백조 할머니로 변한 것도 아니다. 신데렐라처럼 요정의 마법 지팡이가 요술을 부린 것도 아니다. 나는 내게 주어진 시간과 상황을 받아들이면서도 항상 나에게 유리한 점만, 좋은 장면들만 떠올려서 참담한 일을 겪어도 울면서 잠든 적이 없다. 숱한 나의 실수와 과오에도 불구하고 나를 혐오하지 않았다. 나를 자책하는 대신 날 보듬어 준 덕분에 어두운 터널을 지나 눈부신 햇살을 맞았다. 그렇게 믿는다. 또 항상 질문을 던지는 기자란 직업으로 살아와서인지 남들의 질문에도 절대로 침묵하지 못하는 성격이라 주제넘게 이런저런 말을 남발했는데, 뜻밖에 고마워하는 이들이 많았다.

"45년 동안 최선을 다해 살았는데 더 잘할 자신도 없고 더 나아질 미래도 안 보여서 펑펑 운 적이 있어요. 더 살 이유가 없는 것 같았거든요. 그때 '지금부터 대충 살아 봐요. 마음과 몸의 힘을 빼 봐요. 그래서 결과가 아주 엉망이면 그때 다시 생각해보고요. 난 대충대충 건성건성 살아서 지금까지 버티는 거예요'라고 하셨죠. 그 말이 산소호흡기처럼 도움이 됐답니다."

"제가 동기 중 가장 빨리 부장이 되니까 주변에서 시샘이 많았어요. 사장이 예뻐해서 낙하산 인사를 한 거라는 소문이 나서 너무 속상해 그만두고 싶다고 하니까 기자님이 그랬어요. '멋진데? 조직에선 아무나 낙하산 안 태워 줘. 낙하산도 실력이야. 낙하산은커녕 발로 차여 내던져지는 사람들이 얼마나 많은데. 그러니까 충분히 즐겨, 남들 눈치 보지 말고.' 그 말 듣고 처음엔 좀 어이없었는데 곰곰 생각하니 웃음이 나오는 거예요.”

이렇게 무책임하고 이성적이지 않은 내 말이 도움이 됐다고 하는 이들이 많은 게 신기했다. 어쩌면 나의 대책 없는 낙천주의, 뻔뻔할 만큼 내게 유리한 점만 생각하는 능력, 귀찮은 상황에서 발휘되는 간헐적(?) 둔감력 등 나의 단점이라고 할만한 성향들이 갈등과 고민과 과로와 분노로 지쳐가는 중년 후배들에게는 효과가 있을지도 모른다는 생각에 이 책을 쓸 만용을 부리게 됐다.

그리고 중년들의 질문에 대해 마음 가는 대로 내 생각을 써 봤다. 노래방에서 노래 못 부른다고 마냥 빼다가 마이크를 한 시간이나 독점하는 이상한 선배 언니처럼 나는 절대 못 쓸 것 같은 이 책을 기다렸다는 듯 써냈다. 못 쓰겠다고 하면서도 “내가 지나온 길엔 이런저런 일이 있었어. 처음엔 막막했는데 지나올 만했어. 넘어져도 괜찮아. 빨리 걸을 필요도 없고 울면서 걷더라도 계속 걸어와 봐. 너만 생각하면서…”라는 나의 경험담을 들려주고 싶었나 보다.

중년의 어두운 터널과 갱년기의 웅덩이를 무사히 넘긴 나는 여기자로서는 드물게 정년퇴직을 했고, 올여름이면 손주가 태어나 진짜 할머니가 된다. 육십 대 중반을 향해 가는 지금도 여러 가지 일을 하며 돈을 번다. "일은 나의 구원. 십 원은 없다"란 말을 되새기며 팔십, 구십이 돼도 무슨 일이든 할 생각이다. 돈도 많이 벌어서 가족과 친구들에게 뭔가 선물해 주고 싶고, 싫고 궂은일은 거절할 힘을 갖고 싶다.

물론 감각도 무뎌지고 체력도 떨어졌다. 당연하다. 난 인생의 황혼기에 서 있고 조금 있으면 지하철도 공짜로 탈 수 있다. 하지만 서글프거나 부끄럽기보다 오히려 기특하다. 지금껏 살아 버텨낸 것, 여전히 수시로 잘 웃는 것, 그리고 손주가 존경하는 할머니가 아니라 손주에게 귀여운 할머니가 되는 새로운 목표가 생겨 행복해하는 나의 철없음도 마음에 든다.

그리고 나이 들수록 내게 위안과 희망을 주는 문정희 시인의 〈나무학교〉란 시를 후배들에게 들려주고 싶다.

> 나이에 관한 한 나무에게 배우기로 했다
> 해마다 어김없이 늘어가는 나이
> 너무 쉬운 더하기는 그만두고
> 나무처럼 속에다 새기기로 했다
> 늘 푸른 나무 사이를 걷다가
> 문득 가지 하나가 어깨를 건드릴 때

가을이 슬쩍 노란 손을 얹어놓을 때

사랑한다!는 그의 목소리가 심장에 꽂힐 때

오래된 사원 뒤뜰에서

웃어요! 하며 숲을 배경으로

순간을 새기고 있을 때

나무는 나이를 겉으로 내색하지 않고도 어른이며

아직 어려도 그대로 푸르른 희망

나이에 관한 한 나무에게 배우기로 했다

그냥 속에다 새기기로 했다

무엇보다 내년에 더욱 울창해지기로 했다

우린 누구나 더욱 울창해지고 더욱 풍성해질 수 있다. 스스로 스러지지 않는다면.

contents

 1장 나에게 가장 잘해 주기

4장 가족 돌봄의 신화에서 벗어나기

5장 좀 더 멋진 사람이 되는 연습

6장 명랑한 노년의 조건들

1장

나에게
가장 잘해 주기

무엇보다 노년은 오롯이 자신에게 집중할 시기.

남편의 유무가 중요한 것이 아니라 자기 위주로 살아야 합니다.

그러니 남편만 바라보며 속상해하지 말고 자신에게 집중하세요.

우리 인생의 메인 코스는 우리 자신이니까요.

남편은 디저트일 뿐이고요.

애들 뒷바라지하기 위해 열심히 달려온 워킹맘입니다. 사교육비는 물론 어디 가서 주눅 들지 말라고 먹는 것, 입는 것 모두 원하는 대로 해 주려고 노력했어요. 그렇게 애들 위주로 살다 보니 제 옷장엔 변변한 외출복 하나 없더군요. 요즘엔 내가 참 초라하다는 생각을 자주 합니다. 몸도 여기저기 아파오는데 부모의 희생을 당연하게 여기는 아이들을 보면 언제까지 이렇게 할 수 있을지 걱정이에요.

From_ 종미

나를 위한
작은 호사를 누려 보세요

우아함의 반대말이 초라함이라는데 초라하다 느끼신다니
내 가슴도 먹먹해지네요. 그동안 얼마나 바쁘고 힘들게 살아
왔을지 짐작이 갑니다. 20세기에 태어나 21세기를 살고 있
는 대한민국 중년 여성들은 그러나 여전히 18세기형 현모양
처와 모성애의 신화에서 벗어나지 못한 것 같아 안타까울 때
가 많아요.

얼마 전 조금 충격받은 일을 얘기해 줄게요. 《기쁨 채집》
이란 내 책을 소개하기 위해 유튜브 채널 〈김미경 TV〉에 출
연했을 때 기쁨에 관해 이야기하다 내가 그랬어요.

"JOY(기쁨)란 글자가 적힌 머그잔을 샀어요. 남편 것도 살

수 있었지만 내 것만 샀어요. 난 고통은 나누고 기쁨은 혼자 누리거든요."

진심이라 그냥 담담히 말했는데 김미경 씨를 비롯한 제작진이 뼈 때리는 조언이라면서 막 웃는 거예요. 나중에 보니 대부분의 중년 여성들이 남긴 댓글에도 이 이야기가 굉장히 많이 인용되었더라고요. 이기적이라고 욕하는 게 아니라, 자신들도 앞으로 그렇게 살아야겠다는 글이 대부분이라 안도했지만 좀 놀라웠어요. 내가 좋아하는 물건, 그것도 알량한 컵 하나를 내 돈으로 내 것만 산 것이 그토록 감탄할(?) 일이라니요.

강남에서 중고교생 두 아이를 키우는 여성의 집을 방문한 적이 있어요. 그 집 풍경과 그녀의 모습을 보고 고개를 갸우뚱했죠. 남편은 대기업 부장이고 이 여성도 명문대 출신인데 전세 아파트에 살고, 소파와 식탁 같은 가구는 너무 남루해 보였거든요. 질끈 묶은 생머리에 낡은 티셔츠 차림의 그녀는 남편 월급으론 두 아이 사교육비를 충당하기도 빠듯해 저축은 생각도 못 한댔어요. 학군과 학원 때문에 강남의 오래된 아파트에 전세를 얻었지만 자기는 잘사는 언니가 입던 옷을 얻어 입는다고도 했어요. 그래도 아이들이 공부를 잘해 줘서 다행이라고, 대학만 보내면 해방이라고 하더군요. 그러면서 둘째가 대학 가려면 이제 5년 남았다며 웃는지 우는지 모를 표정을 지었습니다.

왜 부모는 자식에게 모든 것을 다 줘야 한다고 생각할까요? 물론 생산자이니 제품에 책임을 져야겠지만 일단 내 공장부터 제대로 돌려야 하지 않을까요? 교육이란 긴 터널만 지나면 햇살 가득한 길이 나오겠지만 그때 가서 자동차에 기름이 한 방울도 없으면 어떡해요. 아이들이 기름을 가득 넣어 줄 거라고 믿고 싶지만, 아마 자기 앞가림하기도 벅찰 겁니다.

꽤 개인적이고 뻔뻔하다고 자부하지만, 나 역시 대한민국 엄마랍니다. 내가 번 돈으로 가족 부양을 하는데도 옷이건 가방이건 내 것을 살 때는 이상하게 가족한테 미안해지거든요. 내 옷은 TV 홈쇼핑이나 시장에서 사 입지만 딸에겐 백화점 옷을 사 줘요. 혼자일 땐 천국에서 김밥을 사 먹지만 가족과는 일류 레스토랑에 가서 내 카드로 계산하죠. 그러면서 '난 참 좋은 엄마'란 착각을 한답니다.

딸 부부가 생일이나 명절에 용돈을 주면 예전엔 "아유, 괜찮다. 나도 버는데 너희들이나 써라"라고 했지만 요즘은 냉

큼 받아요. 최고로 행복한 미소를 지으면서 다음을 기대한다
는 표정으로요.

자식에게 효도를 바라고 투자하는 것이 아니라 그저 최선
을 다해 부모의 도리를 하고 싶은 종미 씨 마음 알아요. 그래
도 이제는 정말 종미 씨를 위해서만 살겠다고 다짐하는 자세
가 필요하답니다. 다짐만 하지 말고 수첩에 적어 두거나 포
스트잇에 써서 벽에라도 붙여 놓으세요. 그게 아이들의 미래
에도 도움이 됩니다.

내가 아는 여사장님은 아들과 함께 회사를 운영했어요.
같이 일하다 보면 문제나 갈등이 생기기 마련인데, 그럴 때
면 꼭 혼자 여행을 떠나셨죠. 서로 찡그린 얼굴 마주하면서
앉아 있을 게 아니라 아들에게 해결하라고 맡기고 낚시하러
가거나 해외여행을 가는 거예요. 아들도 그런 모친의 행동을
이해했고요. "난 그동안 충분히 고생해 기틀을 잡아 줬으니
이젠 네가 처리해라. 난 놀러 갈 권리가 있다"라고 당당히 주
장하던 그분이 얼마나 멋져 보이던지요.

종미 씨, 만약 돈과 시간이 여유롭다면 자신을 위해 무얼
하고 싶은가요? 일단 종미 씨가 좋아하는 커피나 디저트부
터 최고급으로 즐겨 보세요. 커피나 디저트가 아니더라도 상

관없어요. 요는 사소한 것부터 종미 씨만의 사치를 시작하는 거예요.

난 과일만은 최고급으로, 세계적 갑부 만수르 수준으로 먹어요. 유난히 싱싱하고 당도 높은 과일을 먹으면 내가 부자가 된 느낌이 들거든요. 꼭 돈을 많이 들일 필요도 없답니다. 가끔 유통기한이 지난 아이크림을 발가락에 바르거나, 향기 좋은 샤워젤로 샤워하는 것만으로도 충분하니까요. 그렇게 내가 나를 어루만지고 사랑해 주는 시간이 필요해요. 이제 식탁에서 생선구이를 먹을 때도 종미 씨가 좋아하는 부위부터 선점하세요. 그래야 가족들도 '좋은 것은 엄마부터'란 인식을 하게 됩니다.

지금부터는 아이들에 대한 경제적 지원이나 지나친 관심은 뺄셈하고, 종미 씨를 위해서는 무조건 덧셈을 하세요. 초라하던 종미 씨가 우아하게 반짝반짝 빛나게 될 거예요.

#샤인머스캣한상자주문완료!

친정 부모님이 치매와 당뇨를 앓고 계시고 시어머니도 치매와 노환으로 고생 중입니다. 늙어가는 부모님이 병으로 힘들어하는 모습이 안타깝지만, 세 분 병수발하느라 저까지 병이 날 지경입니다. 주변을 보면 요양원에 모시는 이들도 있고, 가끔 한 번씩 들여다보는 이들도 있는데, 저는 인근에 살며 자주 돌봐드리다 보니 이렇게 됐어요. 자식 된 도리를 다하고 싶으면서도 이젠 나를 챙겨야겠다는 생각이 듭니다. 결단을 내려야 할까요?

From_지명

누구도 내 삶을
대신 살아 주지 않아요

자식은 누구나 부모를 떠올리며 후회합니다. '나는 최선을 다해 효도했다'고 자부하는 이들을 본 적이 없어요. 효부상을 탄 분들도 "그저 제 할 도리만 했을 뿐이에요. 더 잘 해드리지 못해 죄스럽습니다"라며 겸손한 말씀을 하시더군요.

지명 씨가 야심 차게 《치매 부모 나 혼자 봉양하기》란 책을 쓸 예정이 아니라면 지금 결정하셔야 합니다. 부모님이 돌아가신 뒤에 할 후회와 살아있는 자신, 그것도 늙고 병든 내 모습을 후회하는 것 가운데 하나를 고르세요. 무엇보다 제발 나 혼자 힘들면 부모님도, 다른 가족도 편할 거라는 '착한 여자 콤플렉스'에서 탈출하시기 바랍니다.

간병은 나의 삼십 대와 사십 대의 주요 테마였어요. 부산에 사시던 시어머니가 고혈압으로 쓰러지셔서 서울로 올라와 입원했는데, 주말마다 간병인과 교대로 무박 2일로 병간호를 했거든요. 막내며느리였지만 두 형님이 당시엔 지방에 사셨고 시누이들은 평일 낮에 병상을 지켜서 뭐라도 해야 했어요. 주중 6일을 신문사 일에 시달리고, 딸아이를 돌보고, 주말엔 간병까지 하다 면역력이 떨어져서 대상포진으로 일주일간 입원한 적도 있었죠.

친정엄마는 10년 동안 치매를 앓다 돌아가셨습니다. 남편 사업이 망해 집도 절도 없어져 딸과 함께 친정엄마 집에 얹혀살 때 치매에 걸리셨기 때문에 다 내 탓인 것만 같았어요. 내 경우 나의 건강과 안녕을 위해 엄마를 집에서 모셨습니다. 회사와 집만 오가도 피곤한데 엄마를 요양병원이나 다른 시설에 맡기면 다녀야 할 곳이 병원까지 세 곳으로 늘어나 더 힘들고 지칠 것 같았어요. 집에 돌아왔을 때 엄마가 날 보고 웃어 주는 것만으로도 위안이 될 거라는 이기적인 이유도 있었죠. 딸도 못 알아보셨지만 그래도 나를 보면 항상 미소 지어 주셨거든요.

친정에서도 막내딸이었지만 함께 살다 엄마가 병에 걸렸

기에 다른 형제에게 보내드릴 수도 없었어요. 본의 아니게 치매 엄마를 모신다는 겉모습만으로 효녀로 과대 포장되기도 했습니다. 퇴근 후 겨우 한두 시간 정도 엄마의 틀니를 닦고, 기저귀를 갈아 씻겨드리고, 가끔 사랑한다고 말했을 뿐인데도요.

그런데 지금도 가끔 엄마 생각을 하다 보면 치매 초기에 전문 병원에 입원시켜서 제대로 치료를 받고, 비슷한 환자분들과 어울려 취미 활동이라도 했다면 병이 호전되었거나 더 오래 사실 수도 있지 않았을까, 나 편해지자고 엄마를 집에 붙잡아 둔 게 아닌가, 그런 후회가 들어요. 또, 그것과는 별개로 왜 오빠들과 언니에게 당당히 간병비 분담을 요구하지 못했는지도 후회되고요.

친척 동생은 몇 년 전 암 수술을 받아 건강에 신경을 써야 하는데도 중증 치매인 친정엄마를 모십니다. 동생에게 말했어요.

"가장 중요한 건 네 건강과 자신이야. 네 엄마는 80세까지 건강하고 풍요로운 삶을 누리셨어. 중년을 병간호로만 보내면 네 인생은 누가 보상해 주니? 전문 간병인을 고용하든 전문 병원에 보내든 네가 숨 쉴 틈이 있어야 해."

얼마 전 동생은 가족들과 상의 후 요양병원에 어머니를 모셨어요. 겨우 자기만의 시간을 가지면서 안정을 찾은 것 같았습니다. 만약 지명 씨가 친정엄마라면, 또 시어머니라면 내 딸이나 며느리가 나 때문에 힘들어하고 병들어 자기 삶을 잃어가는 걸 바랄까요?

지명 씨가 두려워하는 것이 '부모를 시설에 보낸 불효녀 혹은 나쁜 며느리'라는 주변의 시선이나 비난이라면 남들의 평가에 연연하지 말아요. 내가 낳은 자식도 남편도 내 인생을 대신 살아 주지 못합니다. 그러니 자신의 몸과 마음이 내는 소리에 귀를 기울여 보세요. 내 몸은 지금 어떤 상태인가, 내가 이 상황을 얼마나 버틸 수 있을까, 다른 가족이나 정부의 지원을 받을 방법은 없을까, 충분히 나눌 수 있는 짐인데 혼자 짊어지고 스스로 힘들게 하는 것은 아닌가도 생각해보세요.

지명 씨는 지금까지 충분히 애썼고 잘해 왔습니다. 나중에 후회할 상황일랑 미리 걱정하지 마시고, 지금 그대를 그나마 덜 피곤하고 덜 불행하게 할 선택을 하시기 바랍니다. 곁에 있다면 지명 씨를 꼭 안아 주며 수고했다는 말을 전하고 싶어요. 그리고 그동안 지친 지명 씨에게 아로마테라피 전신

마사지라도 받게 해 주고 싶답니다. 지명 씨도 누군가의 부드러운 손길이 필요할 테니까요.

#착한여자콤플렉스 #탈출버튼을누르세요

엄마 껌딱지였던 아이들이 이제는 컸다고 엄마보다 친구가 더 좋다며 밖으로 나도네요. 자식 키우는 부모가 다 겪는 일이다 싶다가도, 외롭고 허전한 건 어쩔 수가 없나 봐요. 뭔가 취미라도 가져볼라치면 금방 귀찮아지고 의욕이 꺾입니다. 이러다 우울증 생기는 거 아닐까요?

From_수진

나를
잘 데리고 노는 연습

수진 씨는 무척이나 자식을 사랑하는 헌신적인 엄마군요. 내 후배는 "축하해 줘요!"라고 하기에 승진이나 상을 탄 줄 알았는데 아들이 취업해서 독립해 나갔다며 "영감 냄새나던 아들 방 청소만 안 해 줘도 살 것 같다"고 콧노래를 부르던 데요.

아이들을 물고 빨며 정성을 다해 기르는 엄마들, 아이로부터 "엄마가 세상에서 제일 좋다"는 말을 듣던 엄마들은 아이들이 성장해 조금만 무심해져도 실연을 당한 듯, 세상을 잃은 듯 허망해합니다. 나도 딸이 학생 때 내 문자는 씹으면서 친구들 생일 선물에 엄청나게 신경을 쓰거나, 친구들과 영화

보고 맛집 순례한 이야기를 신이 나서 할 때 서운함이 들긴 하더군요. 내 품을 떠나 친구와 더 많은 시간을 보내거나 대학 진학, 입대나 취업, 결혼 등으로 자식이 곁을 떠나면 수진 씨처럼 빈둥지 증후군을 느끼는 다정다감한 엄마들이 많답니다.

'사모님 우울증'이란 말 들어봤나요? 남편, 자식 다 있고 경제적 여유 등 부족한 게 없는데도 맘이 공허하고 의욕이 없어서, 만사가 부질없게 여겨지고 삶에서 낙을 찾지 못하는 증세랍니다. 우울감은 마치 안개처럼 몸과 마음, 정신을 뿌옇게 뒤덮어 삶에 아무런 맛을 못 느끼게 만드는 것 같아요. 다 귀찮고, 이렇게 살아 뭐하나 싶은 나머지 종국에는 살아갈 희망조차 안 보이게 말이죠.

왜 그럴까요. 그동안 스스로 선택하고 자신이 원해서 해온 일이 적어서가 아닐까요? 가정을 돌본다는 보람도 크겠지만, 남편과 자식에 대한 집착과 의존이 커지다 보면 어느새 자아 존중감은 뚝 떨어집니다. 남편의 표정, 아이들의 말 한마디에 상처받고 삶이 뿌리째 흔들리는 위기감도 들죠.

여성들이 중년이 되면 남편은 직장과 사회에서 가장 바

쁠 때이고, 아이들은 학교생활이나 친구들과의 관계가 주 관심사라서 아내와 엄마에게 별 관심이 없답니다. 그게 당연하고요. 항상 자신에게 관대한 편인 난 스스로 엄마를 정말 사랑하는 착한 딸이라고 생각했는데, 중학교 때부터 써 온 일기장을 다시 읽어 보니 엄마 이야기는 별로 나오지 않더라고요. 온통 친구나 직장 사람들과의 고민과 갈등뿐이었죠.

수진 씨, 이제라도 남편과 아이에게 연연하는 마음을 자신에게 돌려 보세요. 가족의 반응에만 의존하지 말고 사소한 것부터 자신의 의지대로 결정하고 스스로 만들어가는 생활을 시작하세요. 가족에게서 벗어나라는 뜻이 아니에요. 집이나 식당에서 먹는 음식 하나라도 수진 씨가 좋아하는 것을 선택하고 '이제는 정말 나를 위해서만 살 거야'라고 선언하세요. 나는 카페, 식당, 극장 등을 혼자 잘 다녀요. 나를 잘 데리고 놀아서 심심하거나 우울감을 안 느꼈어요. 딸이 결혼했을 때 내 곁을 떠났다는 서운함도 있었지만, 이제 딸아이 눈치 안 보고 마음껏 야식을 시켜 먹을 수 있다는 해방감도 컸어요.

얼마 전 방송 육아 프로그램에 세 아이를 키우느라 자신의 삶은 하나도 없으면서 아이들이 말썽을 부리는 것도 자기 탓이고 더 잘해 주지 못해 미안하다는 엄마가 나왔어요. 진행자가 아이들에게 '엄마는 몇 점짜리 엄마인가'를 물어봤는데, 다른 딸들은 100점을 주는데 큰딸만 80점이라고 하더군요. 그리고 이렇게 덧붙였어요.

"나머지 20점은 엄마가 스스로 행복해져야 100점이 되죠."

아이들도 엄마가 스스로 행복해지기를 바란답니다.

자신이 가진 에너지가 100이라면 그걸 남편과 자식들에게 다 나눠 주고 나서 항상 뭔가 부족하거나 도둑맞은 것 같은 상실감이 우울증을 가져옵니다. 재벌 2세보다 자수성가한 사람들이 행복감과 자부심이 강한 이유는 자기 인생을 스스로 만들어 왔다는 확신 덕분일 거예요. 우울증에 걸릴까 걱정하기보다 아주 작은 일부터 스스로 결정하고 행동하는 노력이 필요해요. 가족들도 자신을 위한 일을 하며 혼자서도 행복한 수진 씨를 좋아할 겁니다.

그러다 보면 진짜 자신이 좋아하는 것, 즐거워지는 것에 대한 흥미가 커져서 새로운 취미도 생길 거예요. 재미는 누가 선물하는 것도 알아서 굴러오는 것도 아니고, 내가 찾고 발견해내는 거랍니다. 취미 생활을 찾기보다 수진 씨의 100점짜리 인생을 찾으세요. 혼자 잘 노는 인경 언니가 응원할게요.

#오늘은뭐시키지? #맘편하면0칼로리

아들을 대학에 입학시킨 후 홀가분한 마음으로 1년 이상 걸리는 해외연수를 계획하고 있었습니다. 그런데 재수를 하는 바람에 계획이 미뤄졌습니다. 남편이나 지인들은 아들을 위해 희생하는 게 엄마로서 당연한 거라고 하지만 곧 오십을 앞둔 저로서는 자꾸 조급해지고 상실감이 밀려와요. 이기적인 엄마일까요?

From_혜령

더 뻔뻔하고
이기적일 필요가 있어요

단연코 혜령 씨는 이기적인 엄마가 아닙니다.

물론 자식에게 엄마가 필요하지 않은 순간은 없을 거예요. 하지만 항상 자식 곁을 지켜야 엄마의 도리를 다하는 것은 아니죠. 더구나 곧 성인이 될 아들에게 엄마의 손길이 그토록 간절히 필요할까요? 남편과 아들이 함께 세탁, 청소, 간단한 식사 정도는 해결할 수 있어야 하지 않나 싶어요. 중고등학생 때부터 엄마와 떨어져 자취하는 아이들도 잘만 삽니다. 보고 싶으면 영상통화, 문자, 메일 등으로 그리움을 전하면 되고요.

내가 좋아하는 여성학자 박혜란 선생은 막내아들이 고3

수험생일 때 중국 연변대학에 교수로 초빙받아 떠났습니다. 남편과 두 형이 수험생을 볼보기는커녕 막내가 매일 형들 밥을 차려 주고 자기 도시락도 쌌다는군요. 박 선생은 여성학자와 작가로서의 명성만큼이나 세 아들을 모두 서울대학에 합격시킨 것으로도 유명합니다. 세 아들이 공부를 못해도 야단치지 않았고, 성적이 잘 나와도 "공부 잘하면 너희가 좋지, 내가 좋니?"라고 담담하게 말했다고 합니다.

또, 박혜란 교수는 아이들과 있을 때는 항상 서로 기대고 손잡고 무릎 베고 스킨십을 했답니다. 양보다 질로 모자간의 사랑을 확인한 거죠. 그 교육 방법을 담아 《믿는 만큼 자라는 아이들》이란 책도 쓰셨습니다. 세 아들 모두 모친을 이기적이라고 탓하며 성장하지 않았고, 당당히 여성학자가 된 것을 자랑스러워한다네요.

해외연수 같은 교육 기회가 왔으면 당연히 잡아야죠. 아들이 아프거나 아주 어리다면 몰라도 다 큰 성인이잖아요. 30년 전 일이긴 하지만, 해외 출장 갈 일이 생겼는데 부장이 "남편에게 허락은 받았지?"라고 묻더군요. 일하러 외국 가는 데도 허락을 받는 것을 당연하게 여기던 시절이 있었습니다. 나는 그때도 허락이 아닌 통고를 했고, 남편은 내가 집을 비우는 것을 아주 기뻐했어요. 맘 놓고 늦도록 술을 마실 수 있으니까요. 딸아이는 친정엄마에게 잠시 맡겼답니다.

혜령 씨를 비롯한 워킹맘들이 생각의 방향을 살짝 바꾸기를 권합니다. 남편과 자녀에게 아내 혹은 엄마의 부재가 그들을 방치하는 것이 아니라, 오히려 가족들이 독립성과 기초생활을 익히고 살림의 즐거움을 깨치는 시간을 제공하는 것이라고요. 죄책감은 가질 필요가 없습니다. 아버지들이 자신의 해외연수에 죄책감을 느끼던가요?

혜령 씨의 노후는 아들이 어떤 대학에 들어가느냐가 아니라, 혜령 씨가 중년에 얼마나 자신을 단단하게 만들고 실력을 겸비했느냐에 달려 있어요. 아들에게 "너도 이제 성인이 되었으니 자력갱생하고 네 미래를 위해 성장 발전하렴. 엄마도 죽을 때까지 공부하고 항상 성장할 거란다"라고 말하세요. 엄마의 욕심을 채우기 위해서가 아니라 멋진 사람, 훌륭한 엄마가 되기 위해서 연수를 가는 것이니까요.

외국계 기업에 근무한 여성이 3개월의 해외연수와 본사 교육을 다녀왔습니다. 어린아이들을 친정엄마에게 맡기고 남편은 본가에 보내는 등 쉽지 않은 선택을 하며 모두에게 죄인이 된 것 같았다더군요. 귀국 비행기를 탈 때까지도 마음이 무거울 정도로요. 그런데 자기 자신을 기준 삼아 생각해보니 그 3개월 동안 회사 업무 역량도 늘고 좌충우돌하며 혼자 경험한 해외 체험이 너무나 축복 같은 시간이었대요. 양가 어머님과 가족들에게 푸짐한 선물도 하고 감사의 인사도 전해 뒷말도 없었고요.

나는 이제 엄마들이 조금은 더 뻔뻔하고 이기적이어야 한다고 생각해요. 언제까지 아이들 뒷바라지에 발을 동동 구르고 자신에게 주어진 좋은 기회를 마다하며 나중에 후회할 게 뻔한 삶을 살 수는 없잖아요.

100점짜리 엄마는 아이들에게 자신의 모든 것을 다 던지는 엄마가 아닙니다. 내 인생만 중요하게 여기는 엄마도 아니죠. 일과 생활이 균형을 이루듯 자녀와 자신이 균형 있게 발전하고 성장해야 좋은 엄마이지 않을까요? 혜령 씨, 이제 마음 놓고 국내건 해외건 연수 잘 다녀오세요. 더 멋지게 성장해 돌아오기 바랍니다.

#남자들이해외연수에죄책감을갖던가요?

엄마들이 조금은 더 뻔뻔하고 이기적이어야 한다고 생각해요.
언제까지 아이들 뒷바라지에 발을 동동 구르고
자신에게 주어진 좋은 기회를 마다하며
나중에 후회할 게 뻔한 삶을 살 수는 없잖아요.

어떤 면에선 남보다 못한 남편이랑 20년 넘게 살았네요. 남들은 의리로 산다, 자식 때문에 산다고 하지만 저는 오기와 관성으로 사는 거 같아요. 시간이 가면 괜찮아질 줄 알았는데 요즘은 남편 뒤통수만 봐도 밉고 숨소리도 듣기 싫을 정도예요. 그렇지만 헤어져 버리는 게 능사는 아닌 것 같고…. 노년에는 혼자가 낫나요, 그래도 남편이 있는 게 낫나요?

From_유미

필요 조건,
충분 조건

 육십 대 후반을 달려가는데도 여전히 술을 많이 마시고 집에서 담배를 피우는 남편, 잘 씻지도 않아 노인 냄새가 나는 남편, 나와 취향이 너무 다르고 갈수록 꼰대가 되어가는 남편을 볼 때마다 도대체 이 남자랑 '죽음이 우리를 갈라놓을 때까지' 살아야 하나 회의가 듭니다. 더구나 남편 없이 혼자 사는 할머니들이 더 오래 산다는 각 나라의 연구 결과(남자들은 아내와 같이 사는 남자가 장수한답니다)를 보면 나의 건강과 장수를 위해 이혼이건 졸혼이건 해야 하는 것은 아닌가 갈등하죠.

 지금 이 순간에도 많은 중년 여성이 남편과 계속 살아야 하나를 고민합니다. 꼭 남편에게 폭력, 도박, 외도 등의 심각한 문제가 있어서도 아니고, 마음을 준 새로운 남성이 나타나서도 아니에요. 그날이 그날인 지루한 삶, 시시포스의 형벌처럼 매일 등에 바위를 지고 올라가야 하는 지긋지긋한 삶을 언제까지 남편과 반복해야 하나, 회의가 드는 거죠.

그러나 어떤 결정을 내릴 때는 정의나 명분보다 '무엇이 내게 유리한가'를 따지는 게 필요합니다. 이혼했을 경우를 한번 시뮬레이션해 보세요.

우선 노후에 가장 중요한 경제적인 면부터. 중산층의 경우 중년 이후의 이혼은 두 명의 빈곤 노인을 만듭니다. 지금 30평 아파트에 산다면 재산 분할을 공평히 하더라도 세금을 제하고 나면 10평 정도의 집밖에 구할 수가 없어요. 집이 내 명의라고 해도, 또 배우자에게 유책 사유가 있다 해도 20~30년 이상 결혼생활을 하면 재산을 나눠야 하는 게 현행법입니다. 유미 씨가 부동산이나 연금 등 재력이 있다면 큰 문제가 없지만요.

자녀나 이웃, 사회의 시선도 달라집니다. 자식들에게 이혼해 따로 사는 부모는 굉장히 부담스럽죠. 내 친구는 이혼 후 가장 서러웠던 것이 친정에서 친척 모임에 오지 말라고 했을 때랑 아파트 경비아저씨마저 보는 눈빛이 달라진 거 같아 괜히 자격지심이 들 때였대요.

물론 혼자서 오롯이 누리는 자유, 나만의 충일한 삶을 만끽하며 살 수도 있죠. 반면에 쓸쓸한 집에서 종일 혼자 보내야 하는 시간들, 대충대충 차려 먹는 혼밥, 아픈데 약 사러 나가거나 죽을 끓일 힘조차 없는 상황 등이 찾아올 텐데 그걸 기꺼이 감당할 수 있다면 남편과 결별해도 괜찮을 거예요. 경제적 여유가 있다면 간병인이나 가사도우미를 고용하는 것도 방법이고요.

그런데 그 전에 왜 남편과의 삶이 그토록 지겹고 싫은지, 그 이유를 파악해 봐야 하지 않을까요?

이 남자와 매일 그날이 그날인 듯 살아야 할 삶에 숨이 막힌다면 먼저 유미 씨 개인의 생활에 변화를 줘 보세요. 헤어스타일도 바꿔 보고 집안의 가구 배치도 달리해 보는 등 눈에 보이는 풍경에 변화를 주면 잠시나마 '지겹다'는 생각은 안 들 거예요. 한결같은 공간에서 변함없는 남편과 항상 같이 지내야 한다는 게 답답해서 그런 생각이 들 수도 있으니까요.

남편에 대한 불만들, 정작 남편은 자신이 준 줄도 모르는 상처를 보듬고 지내는 건 아닌가요? 그렇다면 남편에게 편지를 써서 보여 주세요. 또 영원한 이혼이나 졸혼이 아니라 하루나 일주일 정도라도 여행을 가든 템플스테이를 하든 '분리'된 시간을 가져 보세요. 대부분 남자는 공감력이 전혀 없고 이기적이어서 자기가 잘못한 걸 모르고, 알아도 인정하지 않습니다.

남편과 몇 년 전 사별하고 지난달 아들을 결혼시켜 혼자 사는 친구는 빈둥지 증후군으로 고독하고 쓸쓸한 날들을 보낼 줄 알았는데 얼굴이 활짝 피었더군요. "태어나서 처음으로 온전히 혼자 살아 보는 생활이 너무 만족스럽다"라고 했습니다. 자기만을 위한 공간을 꾸미고 간섭이나 의무 없이 자유를 누려서 행복하답니다.

야무진 친구와 달리 나는 기계도 잘 다루지 못하고 손이 많이 가는 유형이라 노후에 도와줄 남편이 필요합니다. 부부가 꼭 애정으로 묶여 해로하는 것은 아니에요. 무엇보다 노년은 오롯이 자신에게 집중할 시기. 남편의 유무가 중요한 것이 아니라 자기 위주로 살아야 합니다. 그러니 남편만 바라보며 속상해하지 말고 유미 씨에게 집중하세요. 우리 인생의 메인 코스는 우리 자신이에요. 남편은 디저트일 뿐이

고요. 어떤 결정을 하건 유미 씨의 삶이 행복하기를 응원합
니다.

#남편은디저트다

결혼은 했지만 아이는 낳고 싶지 않아요. 남편과 저, 둘 다 부모라는 무게를 감당할 자신이 없거든요. 그게 우리 부부나 아이를 위해서도 나은 선택이라고 생각하는데, 막상 노년이 되어 후회하게 될까 걱정이 되네요.

From_보람

조금 덜 후회할
선택지를 찾아야죠

아이를 낳고 안 낳고는 전적으로 개인의 자유의지이자 선택입니다. 정부에서는 출산율이 세계 최저 수준이다, 이러다가 일할 사람 없어 나라 망한다며 공포심이나 죄책감을 자극하지만, 우리가 나라의 일꾼을 만들려고 아이를 낳을 필요는 없죠. 나중에 어떤 일로 후회를 할지는 아무도 모르고요.

"둘만 서로 사랑하고 즐기기에도 시간과 돈이 부족하다."

"자식은 인생의 큰 변수다. 남편이야 안 맞으면 이혼이라도 하지만 자식은 내 뜻대로 할 수 없고 평생 짐이 될지도 모르는데 무조건 낳기는 두렵다."

"지구 환경을 비롯해 무엇하나 희망이 안 보이는데 아이를 험난한 세상에서 살게 하고 싶지 않다."

"누굴 위한 헌신, 희생하고는 거리가 멀어서 이번 생은 그냥 아이 없이 살 거다."

이런 확고한 철학과 소신이 있는 분들은 아이를 낳을 필요가 없죠. 양육 때문에 전문직을 포기하거나 뒷바라지하느라 빈곤 노인으로 살아야 하는 이들 중 더러는 때로 자식을 낳은 걸 후회하기도 합니다.

주변에 결혼하고도 아이를 낳지 않는 딩크족 부부들이 꽤 있습니다. 각자의 일에 몰두하고 부부가 서로에게만 최선을 다해 사랑하자고 약속해서 아무개 엄마나 아빠가 아닌 연인처럼 지내는 이들도 많아요. "우리는 서로의 베이비랍니다"라고 말하면서 육아나 양육의 스트레스 없이 자신들의 삶에만 충실하더군요.

한 커플은 각자 일하며 취미 활동을 같이하고 아이 대신에 네 마리의 개를 키우며 삽니다. 내가 전세를 전전하거나 겨우 집을 사서 융자금 갚느라 허덕일 때 친구는 일찍이 그림 같은 집을 사서 각자의 공간을 멋지게 꾸미고 살았어요. 솔직히, 잠시였지만 많이 부러웠죠.

죽기 살기로 일하고 번 월급을 고스란히 아이들 사교육비에 쓰느라 변변한 구두 하나 못 사는 이들, 자녀의 학군 때문에 대치동의 낡은 아파트에서 전세로 살다 이제는 자기 집을 살 기회는커녕 빈곤 노인으로 추락할 두려움에 떠는 이들은 온전히 자신의 삶에만 집중하는 이들이 얼마나 부러울까요. 오죽하면 무자식 상팔자란 말이 있겠어요.

그런데 성격은 안 변해도 생각은 변하더군요. 자신은 정말 아이를 싫어한다며 특히 우는 아이는 너무 싫다던 한 여성은 어쩌다(?) 아이를 배어 낳았는데 아기를 보자마자 사랑에 빠져 둘째까지 낳아 키웁니다. 인생관이나 우주관이 변했는지는 모르지만, 아이는 신이 주신 축복이라더군요.

난 딸에게 헌신적인 엄마는 아니지만, 딸을 위해서는 대신 죽을 수도 있고 장기도 나눌 수 있어요. 임신했을 때부터 배 속에서 나와 연결된 존재가 있다는 느낌, 작은 입술로 오물오물 젖을 빨 때 전 우주에서 오로지 우리 둘만이 연결된 듯한 그 충만감은 언어로 형용하기 벅찰 정도였죠. 딸이 준 그 행복감만으로도 난 딸을 위해 기꺼이 죽을 수 있답니다.

나는 보람 씨의 선택을 존중하지만 한 가지 질문이 있어요. 혹시 자녀를 위해 희생하기 싫은 것이 아니라 좋은 부모가 될 자신이 없어서 그런 것은 아닌가요? 한 미혼 여성은 "나는 우리 엄마가 나를 키운 것처럼 잘 키울 능력도, 자신도 없다. 모성애가 별로 없는 것 같으니 아이가 없어도 좋다는 남자를 만나면 결혼하겠다"고 하더군요. 그런 거라면 나 같은 엉터리 방터리, 직장 다니며 대충대충 아이를 키운 엄마도 딸에게 원망 듣지 않고 산다는 얘길 해 주고 싶어요. 최고를 주지는 못했어도 부모가 나름의 최선을 다하려 했다는 걸 아이들은 알 거예요.

또 나는 아이 때문에 날 희생했다는 생각은 안 했어요. 오히려 아이에게 부끄러운 엄마는 되지 말아야지, 라는 생각에 각종 유혹에 안 넘어가고 직장에서도 끝까지 버틴 것 같아요. 늙어가는 것이 덜 서글픈 것도 내 딸의 성장을 지켜볼 수 있어서예요. 그러니 너무 자녀에 대해 비관적으로만 생각하지 말기를 바랍니다.

후회 없는 삶이 있을까요? 보람 씨가 주인공인 삶이니 어떤 선택이나 결정을 하건 최선을 다했다고 자부한다면 미리부터 후회를 걱정할 이유도, 자책할 필요도 없는 거 같아요. 이왕 후회하게 될 거라면 덜 억울한 쪽, 조금은 더 내 삶에

득이 되는 쪽을 선택하세요. 보람 씨 인생은 보람 씨의 것이
니까요.

#생명은그안에결핍을지니고그것을타자로부터채운답니다

벌써 쉰이 다 돼 가는데 아이들은 아직도 손이 많이 가고 아픈 시부모님까지 보살펴드리고 있습니다. 20년 가까운 세월을 이렇게 가족들 돌보며 살았더니 진짜 나는 온데간데없고 엄마, 아내, 며느리로서의 정체성만 남은 것 같아요. 언제쯤 내 삶에 자유가 올까 싶네요.

From_경란

내가 아니어도 된다는
믿음

"과거로 돌아갈 수 있다면 어느 시절로 갈래? 풋풋한 이십 대? 직장에서 인정받던 삼십 대? 아니면 아이들이 어느 정도 커서 이제 좀 살만하다 싶던 사십 대?"

육십이 넘은 친구들에게 이 질문을 했더니 성인병을 달고 사는 내 친구들이 합창이라도 하듯 그러더군요.

"돌아가긴 왜 돌아가? 절대 돌아가기 싫어. 지금이 완벽한 상태여서가 아니라, 다시는 과거의 불안정함과 두려움, 고달픔을 반복하고 싶지 않아. 어떻게 찾은 평화와 안정인데."

우리들이 이렇게 절레절레 고개를 흔들며 거부하는 이유

는 지금 경란 씨가 지고 있는 짐을 다시 지고 싶지 않아서랍니다. 물론 지금도 취준생인 자식, 간병과 병원비까지 챙겨야 하는 부모님 때문에 팔자타령을 하는 친구들도 있습니다만 이제는 어떤 상황이든 담담히 받아들이는 태도가 장착되어 있어요.

나는 하나뿐인 딸에게도 최선을 다하는 엄마가 아니었고 치매 환자인 엄마와 같이 사느라 남편의 안녕에는 관심도 없었어요. 신문사 일에 다른 활동까지 하느라 솔직히 내가 여자인지 남자인지 몇 살인지도 모르고 허둥지둥 정신없이 살았지요. '자유'라는 고상하고 실존적인 단어조차 떠올리지 못했던 것 같아요. 매일매일 시험지를 써내면서도 낙제점을 받는듯한 느낌이었죠.

난 평화시장에서도 몇 번을 망설이다 옷 한 벌을 겨우 사는데 백화점 명품관에서 모피나 명품 가방을 척척 사는 이들, 1회에 수십만 원이 넘는 에스테틱 살롱의 풀코스 마사지를 수시로 받는 친구, 강남 레스토랑에서 몇 시간이고 앉아 담소를 누리는 부인들을 보면 '저 사람들은 전생에 나라를 구했나 보다'라며 한숨만 쉬었습니다. 그때는 그런 부티 나는 일상이 부럽다기보다는 단 하루라도 좋으니 감옥에서라도 나 혼자 있고 싶은 심정이었어요. 실종 신고라도 내고 집과 회사에서 벗어나고 싶었지요.

그러다 유명 강사 최윤희 선생의 자살 소식에 벼락을 맞은 듯한 충격을 받았습니다. 내가 아는 사람 중 가장 성실하고 열심히 사는, 가족과 타인을 위해 헌신하는 분이었어요. 그분은 뒤늦게 직장생활을 시작한 것이 너무 감사해 언제나 최선을 다해 일했고 가족에게도 충실했어요. 강의 요청이 오면 거절하지를 못해서 하루에 두세 개씩 강의를 뛰었어요. 책도 해마다 펴내고 고민 상담도 해 주고 불우한 사람들도 도와줬죠.

그런데 정작 자신을 위한 시간은 일요일에 좋아하는 영화를 두세 편 몰아서 보는 게 다였어요. 그러다 결국 과로로 면역력이 약해졌고, 고통이 극심해지자 세상에 안녕을 고한 겁니다. 가장 중요한 것은 자신의 건강과 행복이었는데….

중년은 경기 도중에 갖는 '하프 타임'과 같아요. 전반전을 마치면 휘슬을 불고 잠시 쉬면서 전력을 재정비하는 시간이 필요합니다. 그렇지 않으면 후반전에 금방 지쳐 경기가 엉망이 되고 말아요. 굳이 안식년이나 휴가를 갖지 않더라도, 일주일에 하루라도 '나만을 위해 살자'고 결심하고 실천해 보세요. 그날은 밥도 짓지 말고 전화도 받지 말고 경란 씨가 좋아하는 일만 하거나 아무것도 하지 말고 머리와 마음을 비워 봐요.

경란 씨를 비롯한 중년 여성들은 가족을 믿어야 해요. 뭘 믿느냐고요? 가족들이 나 없이도 잘 살 수 있다는 것, 스스로 해결할 능력이 있다는 걸 믿어야 한답니다. 빨래나 설거지가 하루쯤 밀린들 집안이 폐허가 되지도 않고, 배달 음식이나 홈쇼핑 식자재는 또 얼마나 맛있게요? 시부모님도 다른 가족들이 며칠 정도는 돌봐 줄 수 있지 않을까요?

얼마 전 아주 오랜만에 출판사 여사장을 만났는데 별안간 내게 정말 감사했다는 거예요. 사장이 아니라 직원이었던 20여 년 전에 함께 사는 시어머니와의 갈등으로 스트레스가 심하다고 하니까 내가 "회사에는 휴가를 내고 가족에게는 출장간다고 둘러대고 1박 2일이라도 여행 가서 혼자만의 자유를 누려 봐"라고 했답니다. 그래서 진짜 여행을 다녀왔는데 확실히 효과가 있었다네요. 난 그 말을 실천할 줄은 몰랐어요. 덕분에 그날 밥값은 그분이 냈습니다.

충분히 최선을 다한 경란 씨. 이젠 다른 누구를 위한 최선이 아니라, 경란 씨에게 최적화된 상태를 유지하려 애써 봐요. 스스로 '이 정도면 됐다'고 느낄 때까지 양보하지 말아요. 일탈과 투쟁이 아니라 당당하게 자유를 선언하세요. 이젠 그럴 시간이에요.

#내가사라지면우리남편부채춤춘다에오백원

2장

건강한 거리 두기와
혼자서도 행복하기

후배들이 나를 은근히 피하거나 무시하거나
따돌리는 느낌이 들 때 자존감은 바닥을 칠 거예요.
그러나 상사의 구박이나 후배의 눈치 때문에 사표를 쓰진 말자고요.
직장인은 일할 권리만큼이나 버려낼 권리도 있답니다.
잘 견뎌내는 것도, 담담히 받아들이는 것도
우리 자신을 단련하는 과정입니다.

낼모레 쉰이 다가옵니다. 직장에서 왕언니이긴 한데 맘이 편하지만은 않네요. 슬슬 후배 눈치가 보여요. 자격지심인지는 몰라도 괜히 꼰대 취급받을 것 같고 어떨 땐 나만 왕따당하는 기분도 들어요. 저에게도 동료애로 버티던 시절이 있었는데, 가끔은 조금 외롭네요. 그만두기엔 여러모로 이른데 언제까지 버틸 수 있을까요?

From_보윤

우리에겐 잘 버려낼
권리도 있어요

　나도 정년퇴직하기 전날까지 보윤 씨와 똑같은 갈등을 겪었습니다. 무슨 일이 있더라도 정년을 채운다거나, 우리 신문사 최초로 정년퇴직한 여기자란 타이틀을 따기 위해 끝까지 버틴 것은 아니에요. 그저 매일매일 꾸준히 다니다 보니 정년퇴직을 했을 뿐이지만 마음속으론 늘 '언제 떠나야 할까' 고민하며 사표를 지니고 다녔지요.

　우리 사회에 온갖 차별과 편견이 있지만 나이 든 사람, 특히 여직원에 대한 편견은 엄청나답니다. 아무리 BTS 신곡을 즐겨 듣고 신간 베스트셀러를 읽어도, 핫플레이스를 즐겨 찾고 발랄한 옷차림을 해도, 혹은 중후한 인품과 경륜을 갖추고 있더라도 후배들 보기에는 그저 오랫동안 직장을 다니는 선배 내지는 사무실에 놓인 가구 같은 존재랄까요.

후배에게 밥을 사고 싶어도 혹시나 나를 불편해할까 봐 카드만 주면서 맛있게 먹으라고 한 적도 있고, 회식 때 2차로 가는 노래방에 따라가 마이크를 잡고 싶은 욕망(?)을 꾹꾹 누른 채 적당히 놀다 알아서 빠져 주는 눈치를 챙기게 된 지도 오랩니다. 한 후배는 "우리 입사 동기 부장들 근무 경력을 합치면 100년이다"라고 했더니 새파란 후배가 "그렇다고 100인분 업무를 하시는 건 아니죠"라고 말해서 엄청 충격받았다더군요. 동기들 월급을 합쳐도 신입사원 100명분이 안 된다며 항의(?)라도 하고 싶었지만 부끄러워 말도 못 했답니다.

그래도 직장생활을 언제까지 할지, 어떻게 마무리 지을지를 후배들 눈치 보며 결정해서는 안 됩니다. 후배들이 우리 인생을 책임져 주지 않잖아요. 후배들에게 사랑과 존경을 담뿍 받고 모든 자리에 초대를 받는다고 정년이 연장되는 것도, 퇴직금이 늘어나는 것도 아닙니다. 정년을 앞둔 내게 선배 같은 인재가 벌써 떠나시면 어떻게 하냐는 등 정년퇴직 반대 데모라도 해야겠다는 등 진지한 표정으로 아쉬워하던 후배는 정작 퇴직 후 전화 한 통도 없습니다. 지금도 궁금해요, 왜 굳이 그런 말을 했는지.

결론은, 후배들은 우리에게 별 관심이 없으니 눈치 볼 이유가 없다는 거예요. 보윤 씨가 회사를 그만두는 시간은 보윤 씨의 인생 계획표가 정할 일입니다. 직장은 내 행복, 내 성취감, 나의 알토란 같은 월급이 보장할 노후 때문에 다니는 거예요. 그 과정에 수시로 스트레스와 모멸, 좌절과 분노, 우울함이 동반되죠. 특히 후배들이 나를 은근히 피하거나 무시하거나 따돌리는 느낌이 들 때 자존감은 바닥을 칠 거예요. 그러나 상사의 구박이나 후배의 눈치 때문에 사표를 쓰진 말자고요. 직장인은 일할 권리만큼이나 버텨낼 권리도 있답니다. 잘 견뎌내는 것도, 담담히 받아들이는 것도 우리 자신을 단련하는 과정입니다.

물론 더 나은 조건의 직장에서 이직을 권유받거나, 하루라도 빨리 새로운 직업에 도전하기 위해서라면 사표를 쓰고 새로운 일에 도전하셔야죠. 그러나 중년에게는 어디를 가건 새로운 종류의 후배들이 나타납니다. 그러니 익숙한 후배들과 그럭저럭 지내는 게 낫다는 게 솔직한 제 조언이에요.

보윤 씨, 지금 당장 정년퇴직하는 날 탈 수 있는 정기 적금을 들어 두세요. 후배들 눈치가 보일 때마다 따박따박 쌓이는 적금과 퇴직금을 떠올리는 거죠. 그리고 너무 후배들에게 가까워지려고 노력하지 말고 신비주의자로 변신하세요. 10여 년 뒤 보윤 씨 손에 쥘 적금과 퇴직금으로 무얼 할지 상상하는 것만으로도 벌써 행복해지지 않나요?

#아무도내인생대신살아주지않아요

직장은 내 행복, 내 성취감,
나의 알토란 같은 월급이 보장할 노후 때문에 다니는 거예요. 그
과정에 수시로 스트레스와 모멸, 좌절과 분노,
우울함이 동반되죠.

남편만 믿고 결혼 후 쭉 가정주부로 살았습니다. 그런데 요즘 남편 하는 일이 많이 힘들어서 오래 일할 수 없을 것 같아요. 더 늦기 전에 할 수 있는 일을 찾아보고 싶지만 엄두가 안 나네요. 이 나이에 뭘 할 수 있을까, 나를 받아줄 곳이 있을까, 생각하면 한숨만 나옵니다. 그래도 노년을 생각하면 손 놓고 있을 수만은 없을 것 같은데 어떡하죠?

From_민아

경험이 곧
경력인 시대랍니다

전업주부로 충실히 살아왔는데 어느 날 남편이 "이제 당신이 돈 좀 벌면 안 될까?"라고 해서 너무 충격받았다며 펑펑 울던 친척 동생이 떠오르네요. 남편이 홀로 진 짐이 벅찬 건 알지만, 자기도 알뜰살뜰 살아왔는데 이제 와서 광야로 내쫓기는 심정이라더군요.

자발적으로 일할 결심을 해도 중년 여성을 두 팔 벌려 환영하는 곳은 드물 겁니다. 외국에서 학위를 받아 원어민 수준의 외국어 실력을 갖춘 여성도, 자격증이 10개가 넘는 여성도, 한때는 대기업에 근무했던 여성도 나이 든 아줌마란 이유로 비정규직조차 구하기 어려운 것이 현실이죠. 외국에선 연령 차별을 금지해서 이력서에 나이를 안 쓰던데 우리는 왜 그리 나이가 중요한 조건인지. 전업주부라면 더욱 사방의 문이 닫힌듯한 느낌이 들 거예요. 그러나 닫힌 문을 두드려 열 수 있는 것은 민아 씨의 열정과 노력이랍니다. 두드리는 소리가 너무 크고 지겨워서라도 문을 열어 줄 수 있지 않을까요?

민아 씨는 뭘 잘하세요? 뭘 할 때 가장 가슴이 뛰나요? 어떤 분야에 흥미가 있는지요? 취미가 아니라 돈을 벌 '일'로서요. 그걸 먼저 파악해 보세요. 그래야 자신감을 장착하고 광야에 뛰어들 수 있을 겁니다. 그리고 민아 씨의 노후를 책임질 돈을 벌어야죠. 많은 돈이 아니더라도 돈은 노후를 지키는 든든한 무기니까요.

동네 주민센터나 여성지원센터에 찾아가서 민아 씨에게 맞는 프로그램을 알아보고 중년 여성들의 취업이나 창업 성공 사례 등도 참고해 보세요. 할 수만 있다면 친구 찬스도 적극적으로 활용하고요. 친구의 회사나 가게에서 중년 인턴으로 일하는 것은 부모 찬스로 쉽게 스펙을 쌓는 것과는 다르니까요. 무엇보다 민아 씨 내부에 숨은 실력과 보석을 찾아보길 바랍니다.

내가 아는 아주머니는 깐깐한 시어머니로부터 눈물 쏙 빠지게 욕먹어가며 요리를 배웠습니다. 그렇게 익힌 실력으로 시중에서 잘 팔지 않는 보쌈김치, 전복김치 등을 만들어서 지인들에게 선물로 줬는데 그게 입소문이 나서 요즘은 주문을 받아 팝니다. 큰돈은 아니지만, 실력도 인정받고 용돈 벌이도 되어 만족하는 모양인데 주변에서 자꾸만 본격적으로 상품화하라고 더 성화라네요.

제 여고 동창 경옥이는 오십이 넘어 의대생 아들의 의사 시험공부를 뒷바라지하기 위해 남편을 두고 한동안 다른 지역에서 아들과 함께 살았습니다. 아들이 공부하는 동안에 자기도 뭔가 배우고 싶어서 평소 관심 있던 상담 공부를 시작해 심리상담사 자격증까지 땄어요. 마침 그 친구가 사는 지역에서 상담교사를 구한다는 소식을 듣고 응모해서 기간제 상담교사가 됐습니다. 주로 문제아들을 만나는데, 냉정한 분석이나 지적보다는 엄마의 마음으로 이야기를 들어 주려 노력한답니다.

어릴 때부터 아빠한테 많이 맞았다는 학생에게 "아유, 아버지가 잘못하셨네. 네가 화날 만했겠다. 그래도 이젠 네가 더 멋진 사람이 되어야지"라고 다독거렸더니 마음을 열고 행동도 변하더래요. 만날 야단만 맞다가 자신을 이해해 주는 사람을 만나니 좋은 동기 부여가 된 거죠. 억지로 끌려오는 상담실이 아니라 자기 발로 찾아오는 상담실이 되었고 그 지역에서 가장 상담을 잘하는 선생이란 소문이 났답니다. 지금은 정년퇴직했지만 다른 학교에서 파트타임으로 일하고 있어요. 얼마 전엔 보너스도 받았다고 자랑하더군요.

〈브릿마리 여기 있다〉란 스웨덴 영화가 있어요. 정말 병적으로 완벽한 살림꾼이자 내조의 여왕인 브릿마리는 남편의 외도를 알고는 홧김에 집을 나옵니다. 무작정 재취업알선센터를 찾아 얻은 일자리가 시골 청소년 레크리에이션센터 관리인, 게다가 동네 청소년 축구선수들을 관리하는 일이었죠. 낯선 곳에서 축구도 모르는데 축구선수 아이들과 지내야 하는 재앙에 직면한 브릿마리는 집안 살림을 하듯 우직하게 자신만의 방법으로 아이들과 센터를 살려냅니다. 청소를 깨끗하게 하고 아이들을 잘 먹이고 규칙을 지키면서요.

민아 씨, 꼭 자격증이나 변변한 스펙이 없더라도 '전업주부'라는 타이틀을 화려한 경력 삼아 도전해 보는 건 어때요? 주부로 살면서 익힌 살림 솜씨, 남편이나 아이들과 밀당하는 협상 실력도 상당할 거 같아요. 물론 좌절도 할 것이고 세상의 쓴맛도 볼 겁니다. 그래도 더 당당하고 좀 뻔뻔하게 민아 씨를 받아달라고 쾅쾅 문을 두드려 보세요. 그렇게 번 돈으로 민아 씨에게 멋진 선물도 사 주고 남편에게 용돈도 줘봐요. 아마 코를 발름거리며 좋아할 겁니다. 늘 표정 없는 내 남편도 내가 주는 용돈엔 입꼬리가 올라가거든요. 내 돈 내 맘대로 쓰는 당당함을 요즘엔 '내돈내산'이라고 말한다죠. '내 돈으로 내가 산다'는 뜻이래요. 민아 씨가 그 당당한 즐거움을 맘껏 누렸으면 좋겠어요.

내가 진짜 잘하는 게 뭔지 이 나이에도 모르겠습니다. 더 나이 들기 전에 찾아야 한다고 생각하니 자꾸 스트레스가 되네요. 걱정이 늘어 그런지 건강도 나빠졌어요. 전공 선택할 때, 직장 고를 때도 이렇게 고민하진 않았는데 그때보다 더 막연하네요. 인생 후반전을 앞두고 어린 애가 된 기분입니다.

From_영수

세상에서
가장 좋은 보약

영수 씨, 육십이 넘은 나도 늘 똑같은 생각과 고민을 합니다.

신문기자로 정년퇴직을 했지만 탁월한 기자는 아니었던 것 같아요. 방송에 자주 나오지만 나보다 말 잘하는 이들이 100만 명은 넘고요. 20년 넘게 10권이 넘는 책을 썼고, 그 가운데 《내일도 출근하는 딸에게》란 책은 꽤 잘 팔려 '베스트셀러 작가'란 황송한 대접도 받았어요. 최근엔 대만과 일본에서도 출간되었지만, 여전히 글을 잘 쓴다는 자부심은 없답니다.

강의하러 전국을 누비지만 '강사'로 불리는 것도 어색합니다. 그렇다고 요리를 잘하나, 살림 재주가 있나… 박사 학위는 물론 자격증도 하나 없죠. 이렇게 나열하다 보니 새삼 난 뭐 하는 사람인가 싶네요.

그러다 내가 중년 여성에 관한 책을 쓴다고 하니 미국 샌프란시스코에 사는 박인숙 씨로부터 "왜 그렇게 자주 책을 쓰세요?"란 질문을 받았어요. 책을 계속 써 오면서도 나 자신에게 그런 질문을 해본 적이 없어 살짝 당황했습니다. 결국 이런 메일을 보냈어요.

"책을 쓰는 과정이 내게 즐거움과 기쁨을 주기 때문인 것 같아요. 방송이나 강의는 수입도 좋고 지명도도 높여 주지만, 방송이 끝나거나 강의를 마치면 왠지 보람이나 만족감보다 공허함이 크거든요. '더 잘할걸' 하는 후회가 아니라 남들에게 보여 주기 위한 작업이라 작위적이란 의식이 들어서요.

그런데 글을 쓸 때는 내 생각과 이야기를 솔직하게 표현하고, 일방적으로 보여 주는 것이 아니라 독자들이 취향이나 목적에 따라 책을 선택하는 거라 덜 부끄러운(?) 느낌입니다. 책을 쓰기 위해 그동안 내 삶의 곳곳에 비축해 두었던 생각과 사건들, 다른 작가의 책이나 사람들에게서 받은 영감들을 꺼내서 단어와 문장으로 표현하는 순간이 행복합니다. 대단한 전문 서적도 못되고 수십 년간의 연구 결과물도 아닌 수필집이 대부분이지만 나다운 책이어서, 글을 쓰는 순간을 사랑해서 누가 강요하지 않아도 책을 씁니다. 앞으로도 계속 쓰고 싶고요."

젊은 시절엔 자신이 좋아하는 일보다 잘하는 일로 승부를 봐야 해요. 노래 부르기를 좋아한다고 가수로 성공할 확률은 드물죠. 압도적인 실력이나 매력을 인정받아도 피나는 노력을 해야 합니다.

그런데 나이가 들면 자신이 사랑하고 뭘 좋아하는지가 더 중요해요. 내가 사랑하는 사람에게는 무엇이건 해 주고 싶고 끝없는 에너지가 샘솟듯, 사랑하는 일을 하면 지치지 않거든요.

영수 씨, 우선 어떤 일에 관심이 가고 무슨 일을 할 때 가장 평온해지는지 찾아보세요. 또 객관적인 평가를 위해 가족이나 주변 사람들에게도 물어보세요. 영수 씨가 뭘 잘하고 무엇이 강점인지를요. 그럼 영수 씨도 모르는 실력이나 재능을 알 수 있을 겁니다.

남들이 보기에도 잘한다는 객관적 평가가 있으면 일이건

사업이건 더 열심히 매달릴 수 있지 않을까요? 어쩌면 주변의 평가가 다소 냉정하거나 본인 생각과 다를 수 있지만, 너무 스트레스받지 말고 담담하게 받아들이세요.

빅마마로 알려진 요리연구가 이혜정 씨도 마흔 살 전에는 스스로 '난 아무것도 아니었다'라고 표현할 만큼 평범한 주부로 살았답니다. 그런데 요리 솜씨가 좋다고 남들에게 인정받으면서 많은 게 달라졌어요. 주변 사람들에게 요리를 가르쳐 주다가 유학도 가고, 이제는 대표적인 요리연구가로 자리 잡았죠. 곁에서 보니 요리를 정말 사랑하더군요.

제 후배는 직장생활을 그만두고 지리산에서 농사를 지어요. 특수작물을 심어서 세련되게 포장해 파는데 제법 소문이 났답니다. 직장생활에 지쳐 온몸이 고장 났는데 치유차 지리산에 갔다가 농부로 변신한 거죠. 지금은 너무 만족하고 행복해 합니다.

영수 씨, 어느 분야에서 꼭 최고나 일인자가 될 필요는 없어요. 주변의 기대에 부응하려다 쉽게 지칠 수도 있죠. 남들이 보기에 아주 촌스러운 일이라도 영수 씨가 사랑과 기쁨을 느끼면 됩니다. 그럼 건강도 다시 좋아질 거예요. 그것처럼 큰 보약은 없으니까요.

꼭 영수 씨가 잘하는 일을 찾아 영수 씨의 재능과 실력에
본인이 깜짝 놀랄 때가 올 겁니다.

#아무것도아닌사람은없답니다

사별하고 혼자 딸을 키운 지 10년이 넘었습니다. 어렵게 가진 딸이지만 아이의 말이나 태도에 상처받을 땐 내가 왜 그렇게 자식을 바랐던가 싶을 때가 종종 있습니다. 딸아이를 생각하면 재혼도 망설여지고, 그렇다고 아이만 바라보다 노년이 되면 내 삶은 어떻게 되는 건가 하는 두려움이 있습니다. 노년에 딸아이의 짐이 되는 건 아닌가 두렵기도 하고요.

From_미랑

우리가 혼자서도
충분히 행복할 때

미랑 씨 혼자 딸을 키우느라 얼마나 많은 눈물과 걱정으로 살아왔을지 짐작조차 어렵습니다. 아빠 몫까지 해야 한다는 책임감으로 아마도 자신의 소소한 기쁨과 행복을 많이 포기하고 살았겠군요. 그래서 더욱 딸에게 집착하고 그래서 더 딸에게 서운하기도 할 거예요.

세상의 모든 엄마는 늙어가고 딸은 성장합니다. 이제 딸은 더 이상 내 품 안에서 나만 의지하고 잠들던 아이, 엄마가 우주이던 소녀가 아니에요. 자기 문제만으로도 머리가 터지고 친구나 바깥세상에서 더 많은 위로를 얻을 겁니다. 그게 정상이고요.

아무리 사랑하고 예쁜 딸도 언젠간 취업이건 결혼이건 미랑 씨를 떠납니다. 딸도 엄마로부터 정서적으로나 경제적으로 독립을 해야죠. 어렵게 가져서 남편 없이 힘들게 키운 딸이지만, 이 시대의 자녀는 자신의 미래에 부모를 큰 비중으로 두지 않는답니다. 서운하더라도 받아들여야 해요. 부모와 자녀 모두 독립심을 높이는 게 우리 시대에 현명하게 자기 삶을 꾸리는 방법이라고 확신합니다.

미랑 씨가 한 살이라도 더 젊고 반짝이는 모습일 때 연애도 하고 남자친구도 만들어 보세요. 동호회 모임에 나가거나 취미 활동도 하고요. 딸을 방임하라는 것이 아니라 좀 더 넓은 세상, 미랑 씨만의 기쁨을 느낄 수 있는 시간을 누리기 바랍니다.

요즘은 시대가 달라져서 자녀들도 혼자된 부모의 연애에 관대하더군요. 배우 방은희 씨의 고등학교 3학년 아들은 "엄마도 남자친구, 이왕이면 연하의 남친을 만나"라고 권한대요. 미스코리아 출신 김지연 씨는 중학생 딸에게 자신의 연애담을 솔직히 털어놓는답니다.

딸이 원하는 것이 오로지 자기만 바라보고 자신에게만 최선을 다하는 엄마는 아닐 거예요. 만약 미랑 씨가 딸에게 "여태껏 너 하나만 바라보고 내 모든 것을 다 줬다"라고 한다면 딸은 뭐라고 할까요? 아마도 감사하다는 말 대신에 "내가 언제 엄마더러 나를 위해 희생하랬어? 진작 엄마의 인생을 살았어야지, 왜 나한테만 집착해?"라고 하지 않을까요?

2015년에 개봉한 다큐멘터리 〈그녀, 잉그리드 버그만〉은 위대한 영화배우 잉그리드 버그만의 삶을 각종 자료를 모아 만든 작품입니다. 스웨덴 의사와 결혼해 딸을 둔 버그만은 할리우드의 제안을 받고 미국으로 건너가 탁월한 연기력을 갖춘 성녀로 추앙받았죠. 그러다 이탈리아 감독 로베르토 로셀리니의 영화를 보고 반해서 그의 영화에 출연하고 싶다는 편지를 보냈고, 그의 초대를 받아 이탈리아로 떠납니다. 남편과 딸을 두고요.

이 세기의 스캔들로, 그녀는 성녀에서 창녀로 추락합니다. 로셀리니와의 사이에도 3남매를 낳고 헤어졌죠. 만년에는 다시 할리우드에 복귀해 연기자로서의 명예를 되찾았습니다.

이 다큐멘터리 영화에는 버그만이 출연한 작품들, 매스컴에 실린 기사, 직접 찍은 가족 비디오 등과 더불어 버그만의 자녀들이 엄마를 회고하는 모습이 나와요. 엄마에게 버림받았고 너무 바빠 항상 보모나 가정교사와 유년기를 보내야 했지만, 자녀들은 엄마를 원망하기보다 이해하며 "엄마는 바빴지만 가능한 우리와 시간을 보내려 했고 엄마와 함께할 때는 정말 재미있었다"라고 회고했습니다.

잉그리드 버그만은 말년의 인터뷰에서 가장 후회되는 게 무어냐는 질문에 "후회는 전혀 없어요. 한 일보다 하지 않은 일이 후회돼요"라고 당당하게 말했죠.

딸은 자신의 행복만큼 진심으로 엄마의 행복을 바랄 겁니다. 딸에게 짐이 되고 싶지 않다면 재혼할 상대를 구하기 전에, 언제 어디서나 홀로 설 수 있는 독립적인 자세를 가지세요. 혼자 있어도 외롭지 않게 좋아하는 일을 찾고, 혼자서 삶을 책임질 수 있는 경제력도 키우고, 딸이 곁에 없어도 같이 잘 늙어갈 친구들을 많이 만드세요. 내성적이다, 사교성이 없다, 핑계 대지 말고 누군가에게 먼저 마음을 열어 보세요. 그래서 혼자서도 충분히 행복할 때, 그 행복의 기운에 반한 누군가가 미랑 씨 앞에 나타날지도 모릅니다. 재혼은 당연히 미랑 씨의 선택이고요.

미랑 씨 노년의 풍경화에 꼭 딸과 함께 있는 모습을 그리지 마세요. 그렇다고 딸에게 짐이 안 되려고 너무 안간힘을 쓰지도 말고요. 미랑 씨가 그토록 열심히 키웠는데 부담을 좀 주면 어때요. 미랑 씨는 딸에게 부담을 줄 권리가 있어요. 이제라도 아무개 엄마가 아니라 미랑 씨란 이름으로 우뚝 서기를 응원합니다.

#다음생엔잉그리드버그만으로

이삼십 대엔 친구들을 만나면 즐거웠는데 중년이 되고 보니 비교의식과 열등감이 생겨서 만나고 돌아오면 며칠 동안 우울합니다. 나보다 공부도 못하고 예쁘지도 않았던 친구가 지금은 제일 떵떵거리며 사는 모습이 왜 그렇게 속상하고 억울할까요.

From_신애

꽃보다
열매랍니다

　나도 내가 그렇게 질투의 화신인지 몰랐어요. 배고픈 건 참아도 배 아픈 건 못 참고 그토록 남과 비교하며 나를 괴롭힐 수 있다는 것을 사십 대에 깨달았죠. 그건 내 성격 탓이 아니라 내가 사십 대여서 그랬어요. 가장 비참한 시절이었거든요.

　사오십 대는 친구들끼리 가장 극명한 대비를 보이는 시기입니다. 일찍 결혼한 친구는 이미 대학생 자녀가 있지만, 늦게 결혼한 친구는 초등학생 숙제를 봐주죠. 커리어에 있어서도 임원이나 직접 회사를 운영하는 CEO, 정년도 상관없는 의사나 변호사가 있는 반면, 출산과 육아 때문에 좋은 직장을 그만둔 경력단절녀도 있어요. 혹은 뒤늦게 아이들 학원비라도 벌겠다며 가사도우미나 마트 직원으로 일하는 친구도 있고요.

남편도 실업자, 만년 과장부터 임원이나 부동산 재벌까지 천차만별. 외모도 잘 가꿔서 처녀처럼 보이는 친구가 있는가 하면, 세월을 직격탄으로 맞아 이모나 스승처럼 보이는 친구도 있죠. 그런데 이 격차가 절대 학창 시절의 성적, 인품 순이 아니란 겁니다. 그러니 어떻게 그 차이를 당연하게 받아들이고 아무렇지 않을 수 있겠어요.

남편 사업이 부도나고 엄마는 치매에 걸리고 아이는 어리고 신문사 일은 바빠서 매일이 지옥 같던 시절이 나의 사십 대였어요. 어느 겨울날, 좀 늦어서 종종걸음으로 택시를 잡으려고 우왕좌왕하는데 누가 내 이름을 부르더라고요. 돌아보니 동창이었어요. 당시엔 드물던 외제 차 안에서 유리창을 내려 "이 동네 사니?"라고 묻더군요. 그렇다니까 친구는 그 동네에서 가장 고급 빌라 이름을 대며 "나 거기로 이사 왔어"란 말을 남기고 유유히 떠났습니다.

운전면허도 없어서 대중교통을 이용하느라 두툼한 혼방 코트 차림으로 떨고 있는데 외제 승용차 안에서 얇은 캐시미어 재킷을 입고 있는 친구라니. 방금 떠난 친구와 나를 비교하며 참담한 마음으로 서 있었어요. 내가 분명 그 친구보다 공부도 잘했고 상도 많이 탔는데 존재감 없던 친구가 귀부인이 되어 나타나니 세상이 너무 불공평한 것 같았답니다.

그 무렵엔 어쩌다 친구 모임에 나가도 마음이 안 좋았어요. 분명히 욕으로 시작했는데 자랑으로 끝나는 남편과 자식 이야기, 새로 이사한 집이나 고급 가구 이야기, 시어머니가 물려주셨다는 보석들, 나중에 나무나 심으려고 사둔 땅이 그린벨트가 풀려 별장을 지었다는 이야기들을 들으면 평정심을 유지하기 힘들었죠. 일부러 과시하거나 허세를 부린 것이 아닌데 당시 내 처지가 너무 초라해서 겉으론 웃고 있어도 속에선 부글부글 열불이 났어요. 만약 그때 내가 정신없이 바쁘지만 않았다면 그렇게 떵떵거리는 친구들을 저주했을지도 몰라요.

그런데 신애 씨, 시간이 답을 주더라고요. 세월이 흐르자 떵떵거리던 친구들의 재산도 와르르 사라지고 자랑하던 권력도 속절없이 무너지는 것을 봅니다. 나보다 훨씬 유능한 전문직 친구도 암으로 직장을 떠나고, 공들여 키운 자식이 말썽만 부려 부모 속을 썩인다는 이야기도 들립니다.

85세인 배우 김영옥 선생님께 여전히 건강하게 활동하는 비결을 물었더니 "내가 젊을 때 상궁이나 하인 역할을 해서 그래. 그때 공주나 왕비 역할 하던 친구들은 거의 죽거나 일찍 사라졌어"라고 하셨어요. 잘나가는 사람들은 그만큼 감내해야 하는 스트레스도 많을 겁니다.

스포츠 경기도 우리 인생도 끝날 때까지 끝난 것이 아니랍니다. 최후에 웃는 자가 승리자란 말이 있잖아요. 누군가의 인생 평가는 중년이 아니라 무덤 앞에서 가능할 거예요.

그리고 나이가 드니 나보다 잘사는 친구들 때문에 배 아픈 것보다 득을 볼 때가 많더군요. 윤택하고 감각 있는 친구네 집 인테리어를 공짜로 구경할 수도 있고, 근사한 친구의 별장에서 휴가를 보내기도 해요. 가끔 옷 선물도 받고요. 내가 종부세나 관리비도 안 내는 별장을 편하게 이용하게 해주고, 새것은 아니지만 고가의 옷도 얻어 입으니 이게 다 친구 잘 둔 덕분이죠. 그 친구들이 계속 잘 살기를 진심으로 축복하고 있어요.

물론 비굴하게 얻어먹지만은 않아요. 나도 작은 선물을 하거나 이젠 여유가 있으니 밥도 삽니다. 친구들은 내가 육십이 넘고도 계속 일하는 것을 많이 부러워해요. 외모나 지위가 평준화되었을 때 다시 평상심을 찾고 친구들을 만날 수 있으니 너무 걱정하지 마세요.

신애 씨가 속상한 것은 너무 당연한 일이지만, 이제는 친구들의 화려한 꽃밭을 보고 부러워하거나 속상해하지 말아요. 대신 작은 텃밭에라도 신애 씨만의 나무를 심고 정성껏 키우세요. 꽃이 다 졌을 때 신애 씨의 나무에서 실한 열매가 주렁주렁 열릴 거예요.

화려한 꽃만 쫓느라 정작 열매 없이 사는 이들이 얼마나 많은지 모릅니다. 그러니 신애 씨, 우리 최후에 웃는 자가 되자고요. 꽃이 졌다고 슬퍼하는 하수가 되지 말아요. 꽃보다 열매랍니다.

#귀부인과마트직원 #끝날때까지끝난게아니야

요즘 입사하는 어린 사원들이 도저히 이해 안 돼요. 일은 서툴면서 고분고분하지도 않아서 가르치다 보면 울컥 화가 치민다니까요. 어쩌다 좀 나무라면 힘들다고 나가버리니 언제까지 상전 모시듯 어르고 달래야 하는지 모르겠네요. 업무 능력은 갖추지 못했으면서 할 말 다 하고 자기 스타일대로 직장생활 하려는 어린 친구들이 세상 부담스러운데, 내가 늙었다는 방증인가요?

From_유선

전혀 다른
종족의 출현

유선 씨가 늙어서가 아니라 '선배'여서 그런 거예요. 요즘은 5분 차이로 태어나는 쌍둥이도 세대 차이를 느낀다잖아요.

매사에 'I love myself'를 외치는 90년대생 Z세대들에게 애사심이나 선배에 대한 충성심, 가족 같은 동료애를 강요하는 것은 무리죠. 가정에서부터 부모에게 왕자와 공주로 대접받으면서 절대 지지 말고 할 말은 하라고 교육받은 친구들, 평생직장에 대한 개념도 희박하고 입사보다 퇴사가 더 화두인 이들, 인터넷으로 세상의 모든 정보와 지식을 안다고 자부하는(착각이지만) 세대에게 90학번 상사들의 지도와 교훈,

진심이 잘 전달되긴 힘들 겁니다.

주변에 유선 씨 같은 답답함을 호소하는 이들이 의외로 많더군요. 회의하자고 하면 단톡방에 올려 달라고 한다던가, 뭘 가르쳐 주면 감사 인사는커녕 아무 말도 안 하고 휙 가버린대요. 업무상 궁금한 게 있어서 90년대생 직원에게 카톡을 했더니 다음 날 회의 중에 "근무 시간 이후에 전화나 문자는 안 하셨음 좋겠다"고 당당히 제언하더랍니다.

그만둔다는 입사 3년 차 후배에게 조금만 더 참아 봐라, 이 고비를 넘기면 좋은 날도 온다고 달랬더니 "계속 일해 봤자 부장님이 제 미래의 모습이라면 지금 그만둘래요"라고 해서 그날 밤 폭음을 했다는 이도 있습니다.

오십 대인 국장은 부하직원이 말귀를 못 알아들은 것 같아 다시 한번 말했더니 이십 대 중반인 여직원이 눈을 똥그랗게 뜨고는 "국장님, 아까 말하셨잖아요. 벌써 까먹으셨어요? 혹시 치매 증세 아닌지 병원에 가서 꼭 검사받아 보세요"라고 말해서 뒷목을 잡았답니다. 이런 이야기를 들을 때마다 난 이미 퇴직해서 너무 다행이라고 안도의 숨을 내쉬지요.

우리나라만의 문제는 아니에요. 1년 전 국제적 호텔의 임원에게서 들은 이야긴데, 얼마 전까지만 해도 임직원들에게, 무례하지만 관광업계의 큰손인 중국인들을 어떻게 대할 것인가에 대해 교육했다면, 이젠 Z세대와 소통하는 법, 울분을 참는 법에 대해 교육하고 있대요.

그런데 곰곰 생각해보면 그들이 버릇없고 생각이 모자라기만 한 걸까요? 우리의 사고나 가치관이 다 옳은 걸까요? 사실 회사란 서류로 증명되는 곳인데 직원의 뜨거운 애사심을 회사가 어찌 알겠어요. 선배라고 무조건 존경할 이유도, 비전이 안 보이는 직장을 무턱대고 계속 다녀야 할 이유도 없습니다. 그냥 가치관과 세계관이 다른 종족이라고 마음 편히 생각하는 게 좋아요.

나는 단순히 나이보다는 지금 상황이 어떤가에 따라 후배들의 태도가 달라지는 것을 자주 봤어요. 안하무인인 후배들도 있었지만, IMF를 겪은 후에 입사한 후배들, 특히 부모의 실직이나 파산 같은 어려움을 목격하며 자란 이들은 정말 직장에 감사하고 선배들에게도 겸손한 태도를 보였거든요.

또 주변 얘기로는, 이번 코로나19로 직장을 잃거나 강제 휴직을 당한 친구들을 보면서 벼락을 맞은 듯 언행이 달라진 직장인들이 많다고 합니다. 회사 사장인 내 친구는 툭하면 나가겠다고 불평하던 직원이 갑자기 조용히 일만 한다며 코로나 시대가 불러온 세태를 전하더라고요.

유선 씨는 늙은 게 아니에요. 유선 씨 선배들이 전해 준 귀한 교훈과 전통을 좋은 뜻으로 전수하려다 상처를 입어 당혹스러울 뿐이죠.

나는 요즘 역지사지로 과거의 내 선배들도 나 때문에 억장이 무너졌겠다는 생각도 해봅니다. 내가 새내기였을 때 이십 대 중반이었으니 청바지를 즐겨 입었어요. 그런데 미국 워싱턴 특파원까지 지낸 상사가 직장에선 청바지를 입지 말고 점잖은 복장을 하라고 주의를 주더군요. 찢어진 청바지나 반바지도 아닌데 너무 트집을 잡는 것 같아 "블루진 외에 다른 바지는 입어도 되나요?"라고 물었더니 된다고 했어요. 그날 이후 한동안 시위하듯 검정 바지, 빨간 바지, 체크 바지, 면바지, 벨벳 바지 등 내가 가진 모든 바지를 매일 바꿔 가며 입고 다녔습니다. 참 유치찬란했죠. 지금 90년대생들도 곧 더 어이없는 후배 때문에 억장이 무너질 날이 오지 않을까요?

유선 씨, 속상할 땐 속으로 이렇게 말해 봐요. '내 말 안 들으면 너네만 손해야.' 혹시라도 잘 따르는 기특한 후배가 있으면 그냥 넘어가지 말고 예뻐해 주고요. 되돌아보니 후배들 때문에 한숨 쉬던 시절도 그리워요. 이제 진짜 늙어가나 봅니다.

#뒷목잡기신공 #은퇴해서천만다행 #니들도곧당할거야

3장

현실을 부정하지도,
미래를
두려워하지도 않기

연애건 사랑이건 기쁨만큼 슬픔도 크고

행복과 고통이 반복되는 경우도 많지만,

쓴맛과 단맛, 신맛과 매운맛을 다 맛봐야 인생이 깊어진다고 믿어요.

언젠가 패션 감각이 탁월한 분께 옷 잘 입는 비결을 물었더니

이렇게 말하더군요. "이 옷 저 옷 다양하게 입어 봐서요.

망신도 당해 보고 찬사도 받아 보고 시간과 비용을 치른 덕분이죠."

인생도 마찬가지예요.

도전하고 실패하는 과정을 통해 성장하는 것 같아요.

일하고 노느라 여태 결혼도 안 하고 남사친도 없는 솔로예요. 아직은 이대로도 좋은데 노년을 생각하면 왠지 걱정돼요. 이제라도 남친이든 남편이든 만들어야 할까요?

From_은미

기왕이면
인생의 모든 맛을

남편은 몰라도 남자친구는 강추해요. 남자든 여자든 이성의 관점에서 얘기해 주는 존재는 소중하답니다. 남자친구는 여자친구들과는 전혀 다른 시각을 갖고 있어서 직장생활이나 세상을 보는 눈을 확장하는 데 도움이 될 거예요. 양성평등 시대이지만 여전히 직장과 사회에서 결정권을 가진 이들, 주류세력은 남성이거든요.

남자사람친구가 아니라 진짜 남자친구는 더욱 필요하죠. 코로나로 유럽 각국의 국경이 폐쇄되었을 때 인접한 나라에 따로 살던 칠십 대의 연인들이 각자 음료를 가져와 국경선을 사이에 두고 나누던 따뜻하고 애틋한 눈빛을 보면 사랑엔 나이가 없더군요.

혼자서 오롯이 누리는 자유, 타인의 방해가 없는 평화로움에 충분히 정서적 안정감을 느낀다면 굳이 노후대비용으로 남자친구에게 연연할 이유가 없습니다. 남편이나 애인에게 시간을 뺏기지 않고 자신에게만 충실한 삶이 더 낫다고 판단한다면 그 의견도 존중해요. 화려한 싱글의 삶과는 거리가 있는, 소박하고 다소 심심해 보이는 일상을 사는 독신 여성들도 자신의 삶에 매우 만족하더군요.

그래도 지금부터라도 남자를 만나 보라고 권합니다. 노후를 위해서가 아니라 은미 씨의 현재의 삶을 풍성하게 하기 위해서요. 물론 중년 여성에게 완벽한 솔로남이 나타나 영화의 주인공처럼 황홀한 사랑에 빠질 확률은 로또 당첨 확률만큼이나 낮은 게 현실입니다. 그래도 일단 남자를 만나야 그 남자와 친구가 되고 연인으로 발전할 가능성이 있죠.

잠시라도 사랑이란 마법에 빠져 남자친구가 은미 씨 본인도 몰랐던 매력이나 장점(성격이건 외모건)을 발견해 주고, 작은 일에도 감동하는 모습에 덩달아 행복해지는 순간을 맛보기를 바랍니다. 독신을 고집하던 친구 하나는 오십 세에 우연히 대학 시절 동아리 친구(이혼남)와 재회해서 결혼까지 했어요. 그 무렵 친구는 회사에서 스트레스가 엄청난 상황이었는데, 남자친구의 위로와 격려가 큰 도움이 되었답니다. 오십 대의 커플이 대학생처럼 풋풋한 연애를 하더군요. 공연도 보러 다니고 여행도 가고 남들 앞에서도 꿀 떨어지는 눈빛을 나눴어요. 머지않아 독거노인으로 늙어갈 거라고 우울해하던 친구가 햇살처럼 밝아져서 신기했어요.

연애건 사랑이건 기쁨만큼 슬픔도 크고 행복과 고통이 반복되는 경우도 많지만, 쓴맛과 단맛, 신맛과 매운맛을 다 맛봐야 인생이 깊어진다고 믿어요. 언젠가 패션 감각이 탁월한 분께 옷 잘 입는 비결을 물었더니 이렇게 말하더군요.

"이 옷 저 옷 다양하게 입어 봐서 그래요. 망신도 당해 보고 찬사도 받아 보고 시간과 비용을 치른 덕분이죠."

인생도 마찬가지예요. 도전하고 실패하는 과정을 통해 성장하는 것 같아요.

남친이나 남편은 노후 대책도 아니고 외로움을 치유해 줄 명의도 아닙니다. 외롭다고 아무 남자나 만나는 건 배고프다고 눈앞의 불량식품을 먹는 것과 같아요. 간혹 남사친이 짐이 될 수도 있죠. 그렇지만 확실한 건 노후가 조금 덜 쓸쓸하며 주변에 민폐를 끼치지 않는다는 겁니다. 내 친구는 독신인 팔순 넘은 이모가 아파서 수시로 병원에 모셔가고 집 정리도 해 주느라 피곤하다며 한숨을 쉽니다. 어릴 때 잘 보살펴 준 은혜를 갚는다지만 육십 대에 팔십 대 이모 시중까지 드느라 너무 힘들다고요. 이모를 안 미워하게 해달라고 기도도 한답니다.

난 방송이나 글로 지겹게 남편 흉을 보긴 하지만 그래도 남편이 있는 것이 낫다고 생각해요. 남편은 공감력이 거의 없고 취향도 다르고 수시로 스트레스 지수를 높여 주지만, 내가 아프면 응급실에 데려가고 구시렁거리면서도 수시로 결리는 어깨에 파스를 붙여 주는 고마운 사람이거든요. 때론 중고품 시장에 내놓고 싶기도 하지만 남편 덕분에 인내심이 커진 것도 고맙답니다. 아무리 호화주택에서 수천만 원짜리 명품 소파에 우아한 포즈로 앉아 있은들 혼자라면 공허하고 황량하지 않을까요? 낡은 소파에 앉아서 뉴스나 드라마를 보며 같이 오징어 씹듯 흉보는 재미도 짭짤합니다.

은미 씨가 남자친구를 만날 의지가 있다면 우선 어떤 남자를 원하는지 구체적으로 적어 보세요. 꼭 바라는 조건과 절대 이것만은 안 된다는 확실한 금기 사항을 나열해 보는 거예요. 같이 술 한 잔을 나눌 수 있는 남자가 좋다거나, 사업을 하는 남자는 절대 안 된다거나…. 그게 정리되면 주변에 '이런 조건의 남자를 소개해 달라'고 부탁하세요. 광주건 부산이건 목적지가 확실해야 티켓을 구해 주죠. 또, 과거에 은미 씨에게 호감을 보였던 옛 남자들의 근황을 파악해 보는 노력도 필요합니다. 꺼진 불도 다시 피어날 수 있으니까요.

하지만 좋은 남자와 남편을 만나려면 은미 씨가 좋은 사람이어야 합니다. 남에게 좋은 사람이 아니라 자신을 사랑하고 위해 주는, 그래서 타인에게도 너그럽고 풍성한 삶을 꾸릴 수 있는 사람이어야 다가오는 사랑을 꽉 잡을 수 있을 거예요. 과거 철없고 욕심만 많았던 나는 조건만 보고 남편을 골랐다가 후회하고 있답니다. 안목도 없고 준비가 안 되었던 미숙한 나 자신에게요.

부디 은미 씨는 좋은 남자를 만나기를, 그래서 양털로 뜨개질한 스웨터처럼 포근한 노후를 보내기 바랍니다.

#불량식품주의 #급하다고아무거나먹으면안돼요

남편과 각방을 쓰며 남남처럼 산 지 10년이 다 되어 갑니다. 아이들과 남들 이목 때문에 여느 부부처럼 할 도리는 하고 살지만요. 그런데 얼마 전 말이 통하는 남사친이 생겨 종종 만나고 있습니다. 이렇게 좋은 사람을 만나지 못하고 왜 남편과 결혼했을까, 어차피 각자 사는 건데 이혼하고 노년에는 남사친과 같이 지내고 싶다는 생각을 많이 해요. 제가 현명하지 못한 걸까요?

From_찬미

배우자가 아니라서
그래요

좋은 사람을 만나면 그런 생각, 더한 상상도 할 수 있죠. 노년이 뭐예요, 나 같으면 당장 같이 살고 싶을 겁니다.

다만 남편과 남사친은 전혀 다른 사람이지만 본질은 똑같은 '남자'라는 것을 알려 주고 싶어요. 남자들은 아무리 로맨틱하고 공감력이 뛰어난 스위트 가이라도 남편이 되고 나면 대부분 부심해지고 매력 없는 존재가 돼버리거든요. 어쩔 땐 콱 분리수거 하고 싶을 정도로요. 남자친구에서 남편으로 옷만 바꿔 입었을 뿐인데 완전 다른 존재가 돼버립니다. 물론 "어제보다 오늘, 오늘보다 내일 더 당신을 사랑합니다"라고 말하는 선과 최수종 씨 같은 남편도 있긴 하죠. 하지만 그건 정말이지 너무너무 특별하고 희귀한 사례랍니다.

부부상담가 같은 전문가들은 중년에 애정이 식고 소원해진 부부에게 처음 만났을 때나 신혼 시절의 열정을 꺼내 보라고, '처음처럼' 서로 존중하고 사랑하는 관계로 돌아가 보라고 조언합니다. 그러나 이미 감정과 육체가 너덜너덜한 상태에서 수리를 받은들 신상품이 되기는 어렵죠.

신문기자 생활을 하며 정말 다양한 남자들을 관찰할 수 있었습니다. 취재원으로 만날 때 그들은 가장 멋진 모습을 보여 주려 하지만, 정작 사석에서는 지위나 재력에 상관없이 그저 중년 남성들이었습니다. 다행인지 불행인지 그들이 나를 여성으로 인식하지 않아서 온갖 무용담과 젊은 여성에 대한 성적 호기심, 심지어 바람피운 이야기까지 들을 수 있었어요. 목소리 낮춰서 하는 대화가 아니라, 마치 수상 트로피처럼 자랑하는 이들도 많았답니다. 속으론 당황했지만, 겉으로는 담담히 고개를 끄덕이며 경청했죠. 그때마다 대놓고 한심한 내 남편이 낫다고 생각했지요.

무척 매너 있고 취향까지 고상해서 대화할 때마다 즐거운 분이 있었습니다. 한국 중년 남성의 느끼함이나 꼰대 기질도 없는 분이라서 도대체 이런 남성과 사는 여자는 얼마나 행복할까 하는 생각이 절로 들었어요. 내가 아픈지 피곤한지는커녕 여자인지 남자인지도 모르는 것 같은 남편, 책이라곤 무협 소설만 읽고, 매일 술 담배에 절어 살면서 잘 씻지도 않는 남편에 대한 불만이 어금니까지 차 있을 무렵이었어요.

그런데 막상 그분의 아내를 만나 보니 그늘진 표정으로, 남편이 너무 이기적이어서 대화도 안 통하고 각방 쓴지도 오래라며 아이들만 아니면 이혼하고 싶다고 하더군요. 밖에서와 달리 집에서는 잔소리도 심하고 짜증도 잘 부리고 모든 것이 자기중심적이라는 말도 덧붙였습니다.

찬미 씨의 남편도 밖에서는, 혹은 다른 여성에게는 속 깊고 대화가 잘 통하는 남사친일 수 있답니다. 남편과 아내란 가장 사랑하고 서로를 이해해 줘야 하는 관계이지만, 부부로 묶였다는 부담감(?)은 물론, 똥배와 방귀, 코 고는 소리, 화장을 지운 민낯과 발가락 무좀까지, 볼 것 못 볼 것을 다 공유한 사이이기 때문에 더는 설렘도 신비감도 느낄 수 없는 거겠죠. 물론 엄청난 노력과 자기관리로 나이 들어서도 신비감을 유지하는 부부도 있지만, 편해지자고 한 결혼인데 늘 긴장하며 살아야 한다면 너무 피곤하지 않을까요?

부양의 의무, 법적 구속력도 없는 이성이라면 한정적 시간에 장점만 보여 주는 건 쉬운 일입니다. 뭔가 해결해 줘야 한다는 책임감이 없어 마냥 관대해질 수 있으니까요. 그러니 대화가 잘 통한다고 믿게 되죠. 사실은 '배우자가 아니라서' 그럴 수 있는 건데도.

배우자가 아닌 남성이 환갑에 크루즈를 타고 세계 일주를 하겠다고 말하면 "너무 근사하다, 나도 같이 가면 좋겠다"라고 격한 맞장구를 칠 수 있어요. 그런데 남편이 그런 말을 하면 "크루즈 같은 소리 하고 있네. 제주도 갈 돈도 없는 주제에"란 말이 나옵니다. 각종 하소연을 털어놓아도 남사친은 "저런, 자기가 많이 힘들구나. 내가 도와줄까?"라고 다독거려 주지만 남편은 "넌 왜 맨날 징징거리냐, 똑같은 레퍼토리 지겹지도 않아?"란 반응을 보일 겁니다. 남성과 여성을 바꿔도 마찬가지죠.

물론 찬미 씨의 남사친이 진짜 좋은 사람이고 그와 재혼해 황홀한 노년 생활을 누릴 수도 있을 거예요. 실제로 초혼 때보다 훨씬 행복한 재혼 가정을 꾸리는 이들도 많습니다. 그런데 그들조차 "첫 결혼 시절에 이렇게 눈물겹게 노력했다면 이혼도 안 했을 거야"라고 하더군요. 세상에 공짜는 없답니다.

이혼은 전적으로 찬미 씨가 결정할 일이에요. 성적 매력도 없고 부모란 의무감으로만 엮인 결혼을 꼭 유지할 이유도 없습니다. 그러나 현재의 남사친이 영원히 매력적인 남편이 될 가능성은 희박해 보입니다. 나는 사실, 찬미 씨가 남사친에게 "이혼하고 당신과 재혼해 노후를 함께 보내고 싶다"고 털어놓을 때 그 남성이 어떤 반응을 보일지 궁금해요. 조금 더 오래 살고 사람 구경 많이 한 내 경험으로는, 남사친이 갑자기 다른 일로 많이 바빠질 것 같단 생각이 든답니다.

그래도 인연은 알 수 없으니 조금 더 찬미 씨의 마음을 살펴보길 바랍니다. 찬미 씨가 진짜 그 남자를 사랑하는지, 아니면 남편에게서 채워지지 않는 정서적 욕구를 채울 수 있어서 만나는지를요. 결정은 그다음에 내리는 게 좋겠어요.

#션과최수종은희귀템 #공짜는없답니다

나이를 먹으니 건강이 안 좋은 친구들이 늘어요. 각종 암과 성인병, 무수한 낭종과 근종들, 불면증과 우울증까지…. 아직 오십도 안 됐는데 이러니 벌써부터 늙는 게 겁이 나네요. 노년은 얼마나 더 아프고 우울한 겁니까.

From_주연

미리 두려워할 필요가
있을까요?

노년은 온갖 오해와 억울함을 안고 사는 시기 같아요. 노년은 병약하다, 아무 희망이 없다, 불행하고 불쌍하다…. 그런데 주변을 살펴보면 꼭 그렇지는 않아요. 몸과 마음의 자기관리를 어떻게 하느냐의 차이죠. 나이 들면 자기계발보다 자기관리가 중요합니다.

오십을 분기점으로 친구 모임에서 대화의 주제가 완전히 달라지더군요. 그전까지만 해도 자녀 교육, 가족 갈등, 직장 생활의 애환, 부동산, 재테크 같은 다양한 주제로 이야기를 나눴는데 중년의 고개를 넘으니 온통 건강 이야기뿐입니다. 현재 앓고 있는 병, 궁금한 증세와 치료법, 먹고 있는 약이나 건강보조제, 실력 있는 의사에 대한 정보 등을 서로 메모하느라 바쁘죠.

"나 건강검진 받았는데 갑상샘에 혹이 있단다", "어머, 나는 자궁 근종이야" 등등 혹 자랑(?)은 기본이고 '쑤신다', '결린다', '찌른다', '저릿하다', '욱신거린다' 같은 듣기만 해도 미간이 찌푸려지는 표현들이 대화에 난무합니다. 불면증으로 수면제나 수면 유도제를 먹는데 중간에 깨어서 몽유병자처럼 집안을 돌아다니고 어느 날은 라면까지 끓여 먹었는데도 몰랐다는 다소 공포스러운 이야기부터 우울증과 공황장애로 신경정신과 상담을 받는다는 이야기를 서로 털어놓기 바쁩답니다.

그렇다면 아팠던 친구들은 이제 다 죽었거나 병실에 누워 있을까요? 아니에요. 육십이 넘은 지금 그 친구들은 여전히 수시로 병을 앓고 매일 한 주먹씩 온갖 약과 건강보조제를 먹긴 하지만 잘 살아가고 있습니다. 멀쩡히 씩씩하게요. 어떤 친구는 암 수술을 받고 관리를 잘해서 중년 때보다 더 건강 상태가 좋아졌고, 갱년기 우울증을 극복한 친구는 성격이 너무 밝아져 다들 놀랄 정도입니다. 통증에 익숙해진 건지 무뎌진 건지 모를 노릇이지만, 어느 땐 병도 지쳐 떠나가는 것 같아요.

대부분의 여성은 자기 몸보다 자식이나 남편의 건강에 더 신경 쓰느라 병을 키웁니다. 너무 완벽한 현모양처가 되려고 안간힘을 쓰다가 탈진해 마음의 병도 얻고요. 그러다 나이가 들면 그동안 무시당하고 혹사당한 몸이 청구서를 보냅니다. 세무서보다 더 정확하고 가혹하게 세금을 내게 만들죠. 각종 질병과 치료비로요.

혹독한 대가를 치르고 중년에 이르러서야 몸에게 아부도 하고 건강에 신경을 씁니다. 당뇨나 고혈압 같은 만성 성인병을 앓고 있는 친구들은 이제 병을 평생 같이 갈 친구로 여기면서 약 먹여 줄 테니 싸우지 말고 잘 지내자고 달랜대요. 병이란 녀석에게 잘 보이려고 약도 먹이고 운동도 하면서요.

주연 씨, 나는 천식과 난청을 앓고 있어요. 심지어 쓸개 제거 수술도 받아서 쓸개 없는 인간이기도 해요. 나의 모든 병은 너무 슬프게도 완치가 안 된답니다. 선천적인 것이 아니고 중년에 각종 스트레스와 과로로 생긴 병이라 더 억울했죠. 천식 환자라 항상 흡입제를 갖고 다녀야 하고 돌발성 난청으로 작은 소리가 잘 안 들리거나 말귀를 못 알아먹기도 해요. 쓸개가 없어 기름진 음식을 먹으면 소화도 안 되고요.

그래도 여전히 잘 웃고 잘 떠들어요. 그리고 남의 말에 귀 기울이고 과식을 안 하게 되었죠. 난 병을 받아들였어요. 가끔은 병도 잊어버려요.

노년이 되어 좋은 점은 질병 세포도 늙어서 맹활약을 못 한다는 거랍니다. 감기에 걸리면 오래가긴 하는데 심하게 고통스럽지는 않아요. 암세포도 노인에게는 진행 속도가 느리다고 하잖아요.

주연 씨, 공부도 인생도 미리 선행학습을 할 필요가 없어요. 질병 자체보다 병에 대한 공포가 더 무서운 거랍니다. 지금 병이 있다면 차근차근 치료하시고 수시로 "난 늙어도 건강하게 살 거야"라고 주문을 외우세요. 현대의학도 믿어 보고요. 다시 한번 강조하지만, 노년이 다 병과 고통에 신음하는 환자는 아닙니다. 병을 많이 달고 사는 육십 대지만 여전히 잘 돌아다니고 잘 웃고 잘 먹고 잘 자는 내가 증언할 수 있어요.

#아픈몸과친구하기 #다행히질병세포도늙는다는거

노년은 온갖 오해와 억울함을 안고 사는 시기 같아요.
노년은 병약하다, 아무 희망이 없다, 불행하고 불쌍하다….
그런데 주변을 살펴보면 꼭 그렇지는 않아요.

젊은 시절에는 오히려 부부관계에 관심이 적었는데 나이 들어
갈수록 욕구가 강해지는 것 같아요. 부끄러워할 일은 아니라고 생각하지
만, 남편에게도 친구들에게도 털어놓기 힘든 얘기라 혼자 생각이 많네요.
보통은 중년을 넘기면서 성욕이 감퇴한다고 하던데, 제가 이상한 건가요?

From_인화

늙어가는 것과
익어가는 것

　지극히 정상입니다. 나의 개인적 판단이 아니라 세계적인 연구 결과가 그걸 입증해요.

　미국 클리블랜드대학 의대 연구팀의 연구 결과에 따르면 중년의 여성이 이십 대보다 성관계 만족도가 높다고 해요. 나이가 들면서 여성의 신체 기능은 퇴화하더라도 성에 대한 자신감과 기술이 늘어나 더 나은 성관계를 맺는 것으로 나타났답니다. 연구팀은 40~75세의 여성 500명을 대상으로 인터뷰했는데, 나이가 들면서 커뮤니케이션 기술이 좋아져 잠자리에서 의사 표현을 더 잘하게 됨으로써 성적 기능 장애가 있더라도 이를 잘 극복해내는 것이 중년 이후의 성생활에 큰

강점이라고 분석했습니다.

순진하다 못해 무지했던 시절, 너무 고상하고 지적인 여교수님의 수업을 들으며 '저분의 뇌는 도서관 같아. 어떻게 하면 저런 지성미를 가질 수 있을까' 동경했어요. 그런데 알고 보니 자녀가 세 명이더군요. '그렇다면 적어도 세 번 이상은 부부관계를 했다는 거잖아?'란 생각이 들면서 갑자기 존경심이 사라지지 뭐예요. 이슬만 드실 것 같고 화장실도 안 갈 것 같다고 여긴 내가 바보였죠. 지적인 여자가 잠자리에서도 훨씬 섹시하다는 말은 한참 후에나 들었어요.

2019년에 개봉한 〈북클럽〉이란 영화를 봤는지요? 다이안 키튼, 제인 폰더, 메리 스틴버겐, 캔디스 버겐 등 쟁쟁한 왕년의 톱스타들이 등장하는 이 영화는 할머니 나이의 연방판사, 호텔 사장 등 우아하고 품격 있는 전문직 여성 노인들의 독서모임에서 일어난 일을 다룹니다.

늘 고상한 책이나 읽고 토론하던 이들에게 한 친구가《그레이의 50가지 그림자》란 야한(아니 그들 기준으론 음란한) 책을 추천하면서 각각 인생의 터닝포인트를 맞는 코미디 영화입니다. 노년에도 여성의 성욕, 성적 호기심은 늙지 않는다는 것이 주제였어요.

어디 성관계뿐인가요. 공부나 운동, 취미 생활도 처음엔 어렵고 서툴지만 일단 기초를 다지고 나면 중독에 빠질 만큼 강한 의욕과 실력을 보이는 경우가 많잖아요. 물론 중년 여성의 경우 양육이나 살림, 직장생활 등으로 탈진해서 성욕이 감퇴하거나 신체 곳곳이 건조해져 성관계가 고통으로 여겨지기도 하지만, 그런 문제 역시 심리상담이나 치료 등을 통해 다시 불꽃이 튀기도 한답니다.

오래전, 존경했던 전문직 여성의 70세 생일 파티에 초대받았어요. 선물 증정 시간이 되자 재미교포인 그분 친구가 여성용 자위기구를 주면서 "인생은 칠십부터, 행복은 셀프로!"라고 하셨죠. 난 표정 관리하느라 힘들었지만 다들 성숙한(?) 분들이라 손뼉을 치며 웃었답니다. 얼마 전에 그분이 돌아가셨는데, 문득 그 특별한 생일선물은 어떻게 하셨을까, 혹시 가족들이 짐 정리하다 발견하면 어떤 표정을 지을까 상상해 보았어요. 잠깐 웃다가 이내 씁쓸했지요. 할머니들의 유쾌한 유머와 태도를 쿨하게 받아들이기에는 아직 우리 사회가 많이 보수적이니까요.

인화 씨는 매우 정상일뿐더러 굉장히 건강한, 축복받은 분입니다. 우리나라는 아직 나이 든 여성이 친구 사이에라도 잠자리 문제를 떠들거나 자신의 성적 욕구를 고백하는 것이 보편적이진 않아요. 그렇다고 숨길 일도 아니죠. 요즘 유튜브에선 의사, 약사뿐 아니라 정체불명(?)의 여성들이 여성의 성 문제에 대해 강의하고 상담도 해 준답니다. 그만큼 다들 관심이 많다는 거겠죠.

잠자리를 하지 않는 섹스리스 부부도, 매일 밤 서로의 사랑을 확인하는 찰떡궁합 부부도 각자의 삶의 방식일 뿐이지 정상과 비정상, 정답과 오답이란 없는 것 같아요. 부부관계는 혼자 부르는 독창이 아니라 두 사람이 조화롭게 화음을 이루는 듀엣이니만큼 남편분과도 진솔한 대화를 나눠 보세요. 그 관심과 욕구가 노년에도 지속되도록 몸과 마음의 건강 관리도 잘 챙기시고요.

#성욕은늙지않는다 #행복은셀프로!

부부관계는 혼자 부르는 독창이 아니라
두 사람이 조화롭게 화음을 이루는 듀엣이니만큼
남편분과도 진솔한 대화를 나눠 보세요.

노년의 감정은 어떤 건가요? 모든 일에 목석같고 무덤덤해질 거 같은데 아닌가요? 노년에도 사랑에 울고 우정 때문에 번민하는 날이 이어지는지 궁금합니다.

From_현아

오늘만 사는
것처럼

우리가 죽는 순간까지 숨을 쉬고 혈관에 피가 흐르듯, 사랑과 우정에 대한 감정과 고민도 계속됩니다. 우리가 살아있을 때까지요. 흔히 노년의 사랑은 주책스럽다거나 민망하다고 여기고, 노인들은 우정에 대해 진지하지 않을 거로 생각하지만, 오히려 더 치열하게 집착하고 그만큼 상처도 받는 존재랍니다.

일본 노인병원을 취재한 기자가 쓴 책에서 흥미로운 일화를 봤어요. 반신마비가 되어 오래 누워 있던 할머니가 옆 병상에 옮겨진 잘생긴 할아버지를 보고 사랑에 빠져 손이라도 만지고 싶은 마음에 마비된 팔을 자꾸 움직이다 마비가 조금

씩 풀렸답니다. 의학보다 사랑의 힘이 더 큰가 봐요. 참고로 일본의 그 병동은 남녀공용이었답니다.

20년 만에 전 직장 여직원과 다시 만난 칠십 대 남성은 "용광로처럼 펄펄 끓어오르진 않지만, 아랫목처럼 따스한 사랑을 느껴 너무 행복하다"고 하더군요. 일 중독자였던 한 여성은 정년퇴직 후 참가한 공부 모임에서 연하의 남성을 만나 연애를 했습니다. 평생 화장을 안 했던 그녀가 남성이 빨간 립스틱을 선물하자 화장을 시작했어요. 안타깝게도 1년 정도 열애 후 결별했는데 "사랑이란 감정과 나의 여성성을 발견해 준 그에게 감사한다"고 하더군요. 그 남자는 떠났지만 빨간 립스틱은 계속 바르겠죠.

얼마 전 〈남과 여: 여전히 찬란한〉이란 영화를 봤어요. 1966년에 개봉한 프랑스 영화 〈남과 여〉를 54년이 지난 후 같은 감독과 주연 배우들이 다시 모여 찍은 경이로운 작품입니다. 90세의 장 루이 트렌티냥, 88세의 아누크 에메가 54년 만에 재회한 연인으로 나오는데, 치매에 걸린 장 루이 트렌티냥이 자기를 잊지 못한다는 말에 요양원으로 찾아와 그에게 가장 멋지다고 말해 준 아누크 에메, 그 둘의 눈빛은 영화 속에서 여전히 사랑으로 빛났어요.

어쩌면 노년에 가장 비중이 높아지는 것이 우정이 아닐까요. 자식들은 바쁘다고 연락이 뜸하고, 배우자와는 눈빛조차 교환하기 싫을 때 친구들에게 받는 위로와 기쁨이 참 크답니다. 몇 년 전 김형석 교수가 들려준 말씀이 기억나요. 1920년생 동갑이자 철학 교수, 수필가란 공통점을 갖고 있던 김태길, 안병욱 교수와의 우정에 관한 이야기예요.

80세 무렵에 안 교수가 "우리 이제 죽기 전까지 한 달에 한 번씩 만나 식사하는 자리를 마련하자"고 제안하자 김태길 교수가 이렇게 말했답니다. "지금까지 쌓은 정도 큰데, 아니 그렇게 정을 더 쌓으면 죽을 때 얼마나 슬프겠습니까…" 더 늙어갈 친구들한테서 들을 소식이라곤 부음밖에 없을 때 그 슬픔을 가늠하기 어려웠겠죠. 그래서 그 후 거의 만나지 않았답니다. 김태길 교수는 87세, 안병욱 교수는 93세까지 천수를 누리셨고, 김형석 교수는 102세로 살아 계시지만 친구들을 추억하는 눈빛이 참 아련했어요.

물론 노년의 우정이 이처럼 성숙하거나 고상하지만은 않습니다. 더 유치하고 졸렬할 때도 있죠. 난 친구들끼리의 단체 대화방에서 내 문자에만 댓글이 안 달리면 솔직히 서운합니다. 얼마 전 일요일이 내 생일이었는데 다른 친구들 생일 땐 새벽같이 일어나 축하 문자와 귀여운 이모티콘을 남발하던 친구들이 대낮이 되도록 잠잠했어요. 다들 단체방에서 빠져나간 것도 아닌데요.

왕따당한 초등생처럼 배신감에 혼자 삐쳐 있는데, 알고 보니 한 친구는 딸 부부가 주말에 와서 밥 차려 주느라, 다른 친구는 교회에 가느라, 또 다른 친구는 늦잠 자서 등등 각각 이유가 있어 문자 확인을 안 한 거였어요. 미안해서인지 더 강렬해진 축하와 덕담을 받고서야 마음이 풀렸답니다. 육십 대라고 우정까지 모조리 포도주처럼 농익고 깊어지는 것만은 아니란 얘기예요.

현아 씨, 노년의 사랑과 우정은 어떤 풍경일지 모릅니다. 그러니 지금의 사랑, 현재의 우정에 집중하세요. 오늘만 사는 것처럼요.

#아랫목온도가딱좋아

어쩌면 노년에 가장 비중이 높아지는 것이 우정이 아닐까요.
자식들은 바쁘다고 연락이 뜸하고,
배우자와는 눈빛조차 교환하기 싫을 때
친구들에게 받는 위로와 기쁨이 참 크답니다.

오랫동안 친구로 지내온 사람이 연애 감정을 고백했어요. 좋은 사람이란 건 알지만 받아들이지 않았습니다. 주변에선 나이도 있으니 잘 해 보라고 하지만 사랑에 타협은 있을 수 없다고 생각하거든요. 나이 들수록 사랑보다는 우정을 중요시한다는데, 저는 아직도 운명 같은 사랑을 기다려요. 아직 철이 덜 든 걸까요?

From_애라

운명적 사랑도
영원하지는 않답니다

올해 102세가 되신 김형석 교수님을 96세에 인터뷰했을 때, "97세가 되면 공개 구혼이라도 하고 싶다"며 재혼에 대한 강한(?) 의지를 밝히셨어요. 결국 계획을 실천하지는 못하셨지만, 한국 최고의 지성을 갖춘 노교수도 그랬는데 중년에 운명 같은 사랑을 기다리는 게 왜 철없는 일이겠어요.

사랑과 우정을 나눈 것을 보면 애라 씨가 말하는 '운명 같은 사랑'이란 잔잔하고 은은하고 담담한 사랑이 아니라 보자마자 종소리가 울리고 모든 것을 다 던지거나 잃어도 좋은, 그런 폭풍 같은 사랑을 뜻하는 것 같군요.

프랑스 마크롱 대통령의 부인 브리지트 여사도 25세 연하

제자와 불같은 사랑에 빠져 이혼 후 결혼했고, 지금도 젊은 남편과 늘 손을 잡고 다닙니다.

내가 아는 한 여성도 모임에서 우연히 만난 남자와 사랑에 빠져 남편과 아이, 재산 분할까지 다 포기하고 새로운 삶을 시작했어요. '천륜을 끊은 엄마', '현실 감각이 없는 여자' 등 지인들 사이에 참 뒷말이 무성했죠. 그 여성의 나이 53세 때 일어난 일이랍니다. 사랑에 자신을 던지느라 고통과 눈물을 감내했지만, 여전히 다시 그 순간으로 돌아가도 같은 선택을 할 것 같다고 하더군요.

그런데 애라 씨는 운명 같은 사랑이 찾아오면 이들처럼 자신의 운명을 바꾸고 받아들일 준비는 되어 있는지요? 운명이 내게 다가오기를 기다려야 할지, 운명을 개척해 찾아가야 할지도 생각해봐야 하고요.

무엇보다 운명적 사랑 역시 영원하리란 보장이 없고, 결혼으로 이어질지 짧은 연애로 끝날지는 그 누구도 모르는 일입니다. 운명이 꼭 근사하고 행복하기만 한 것은 아니라는 거, 때론 너무 심술궂고 가혹하다는 사실도 잊지 않기 바랍니다.

내가 살짝 걱정스러운 것은 너무 운명 같은 사랑만 진짜라고 믿고 기다리다가 우정처럼 느껴지는 사랑을 거부하거나 무시하지 않을까 하는 겁니다. 자극적인 조미료에 길들어서 조미료를 넣지 않은 슴슴한 음식에 손을 대지 않는 것처럼요. 나는 남들이 놀랄 만큼 맵고 짜고 신 음식을 좋아했어요. 비빔냉면에도 고추장과 식초를 더 넣어 먹었고, 우아한 스테이크 레스토랑이나 정통 이탈리아 피자전문점에 가서도 칠리소스나 고추 피클을 요구했다가 망신을 당하기도 했습니다.

그런데 나이가 드니 담백한 맛에 폭 빠졌어요. 함흥냉면에서 평양냉면으로 개종(?)했고 두부와 콩 요리의 광신도가 됐죠. 슴슴함의 깊은 맛에 눈을 떴답니다.

사람도 사랑도 그런 거 같아요. 격렬한 사랑의 전쟁을 치른 경험도 소중하지만, 의자에 함께 앉아 저무는 해를 같이 보며 노을의 오묘한 빛깔을 감상하는 평화로운 삶에 더 감사합니다. 운명 같은 사랑은커녕 뜨거운 연애 경험담조차 없어 억울할 때도 있고, 나이 들어 반추할 추억이 없는 것이 후회되기도 해요. 하지만 혹시라도 다시 사랑에 빠진다면(사람 일은 알 수가 없으니까요) 용광로 같은 사랑보다 모닥불 피워 놓고 멍하니 있는 순간도 편안하게 느껴지는, 서로의 안녕과 건강을 걱정해 주는 그런 우정을 기대합니다. 임플란트나 백내장

수술 정보도 나누고 전람회와 연주회도 같이 갈 수 있는.

애라 씨, 사랑은 운명이건 우정이건 택배처럼 제시간에 배달되지 않아요. 성큼성큼 운명을 향해, 혹은 운명을 거슬러 나갈 용기와 담대함을 먼저 장착하세요. 떠나보낸 후에 '아, 그 사람이 운명이었는데…'라며 후회하지 말고요.

그리고 꼭 철이 들고 어른답게 살 이유도 없답니다. 나는 '철들지 않는 학교'를 만들어서 무겁고 진지한 어른이 되지 않고 경쾌하고 기쁜 시간을 보내는 방법을 같이 나누고 싶어요. 그때 애라 씨도 초대할게요. 혹시 알아요? 그 학교에서 똑같이 철없는 남성을 만나 운명 같은 사랑에 빠질지.

#세상담백한맛 #평양냉면에진심인편

사람도 사랑도 그런 거 같아요.
격렬한 사랑의 전쟁을 치른 경험도 소중하지만,
의자에 함께 앉아 저무는 해를 같이 보며
노을의 오묘한 빛깔을 감상하는 평화로운 삶에 더 감사합니다.

4장

가족 돌봄의 신화에서
벗어나기

나는 얼마 전에 본 '진상은 호구가 만드는 것'이란 글에 격하게 공감했어요.
식민지나 감옥을 만드는 것 역시 우리의 호구 같은
생각과 행동이 아닐까요?
미진 씨의 건강하고 평화로운 노후를 위해서 "안 돼",
"난 그럴 힘이 없어"라고 말하는 습관을 키우세요. 뜻밖에 "알겠어요.
제가 해결할게요"라는 답이 돌아올지도 몰라요.
자식들의 자립심을 위해서라도 '여기까지!'라고 선을 긋기 바랍니다.

애들 대학만 보내면 자유가 오리라 생각했는데 그게 아니었어요. 유학도 보내고 취업할 때까지 뒷바라지해 줬으니 결혼만 시키면 되겠구나 했는데 웬걸요, 이제는 손주까지 봐야 할 상황입니다. 이놈의 부모 노릇에서 언제쯤 해방되나요.

From_미진

부모 노릇과
호구 노릇

아이를 낳아 부모가 되기로 선택한 순간, 우리는 스스로 종신형을 선고하는 셈입니다. 우리가 눈을 감는 순간까지 아이에 대한 정서적 지원이나 경제적 지원, 육체적 보살핌이 끝없이 이어지니까요. 그것이 당연한 부모 노릇이라고 교육받았습니다. 자식들이 요청하지 않아도 먼저 뭐든 하나라도 더 해 주려고 안달하며 자신을 좋은 엄마, 괜찮은 부모라고 위안합니다.

그런데 부모 노릇이 법으로 정해졌거나 표준 매뉴얼이 있는 건 아니잖아요. 사장 노릇, 선배 노릇, 어른 노릇 등등 맡은 바 구실을 완벽히 하는 이들이 더 드물지 않나요?

여자의 경우 과거엔 딸 노릇, 아내 노릇을 하다 엄마 노릇, 할머니 노릇으로 생을 마감했죠. 우리 엄마도 그랬답니다. 정말 감사했지만, 만약 시간을 되돌릴 수 있다면 내가 대학에 들어간 순간 "엄마, 이젠 정말 엄마의 삶을 살아. 남편, 자식 신경 쓰지 말고 엄마의 행복을 찾아"라고 말해드리고 싶어요. 아니, 엄마에게 독립선언, 해방의 시간을 스스로 결정하라고 말해드리고 싶어요.

미진 씨. 식민지에서 해방되는 것은 미진 씨의 자유의지에 달렸어요. 그러기 위해선 한계를 정해야죠. 야무진 내 친구는 잘사는 편인데도 아들과 딸에게 이렇게 선언했답니다.

"대학등록금까지가 마지막 지원이야. 아르바이트한다고 학점 관리 못 해서 취업이 힘들다는 소리 듣고 싶지 않아. 취직해 월급 받으면 매달 50만 원을 줘. 너네 키워 준 비용의 백 분이 일이라도 받고 싶어. 결혼하면 원룸 정도는 구해 줄수 있지만 손주는 못 키워 줘. 골병들기 싫으니까. 유산도 기대하지 마. 우리가 번 돈 다 쓰고 갈 계획이야."

그리고 이 선언을 실천하고 있어요. 친구의 자녀들도 쿨하게 받아들였답니다. 나는 아직도 직장인인 딸보다 돈을 많이 벌어서 밥도 항상 내가 사고 가끔 용돈도 주는데, 이 친구의 단호함, 자식들에게 받은 용돈으로 우리에게 밥을 사는 여유가 너무 부러워요.

억지로 자식들에게 냉정하게 거리를 두라는 것이 아닙니다. 아이들 뒷바라지만 하느라 정작 자신의 삶을 황폐하게 만들거나 꼼짝달싹 못 하는 감옥으로 여기지 말라는 거죠. 미진 씨의 체력과 여러 상황을 살펴서 '내가 해 줄 수 있는 것은 여기까지'라고 가족들에게 못 박아 둘 필요가 있어요. 서로 과도한 기대로 불화를 겪기 전에요.

자식을 원망하고 스스로 한심해하면 해방은 요원합니다. 친구들은 다 꽃놀이 가는데 손주 봐주느라 꼼짝도 못 하고, 겨우 남는 시간에는 병원 드나들면서 늙어가는 게 부모 노릇은 아닐 겁니다.

반면에 남들이 보기엔 감옥이나 식민지인데 거기서도 기쁨을 누리는 이들이 있죠. 다른 친구는 손주들 봐주느라 쩔쩔매면서도 "내 자식 키울 때는 그렇게 귀여운 줄 몰랐는데 손주는 왜 이렇게 예쁘니? 손주만 보면 알부민을 맞은 것 같고 절로 미소가 지어진다"고 행복해합니다. 그 친구에게는 부모 노릇, 할머니 노릇이 기쁨이고 보람인가 봐요.

나도 딸과 사위에게 한우를 사 주거나 용돈을 주면서 아직도 자식에게 기대지 않고 뭔가 줄 수 있다는 뿌듯함을 느껴요. 그러면서도 딸이나 사위가 '이다음에 효도하겠다'라며 보낸 문자 메시지나 카드를 증거 자료(?)로 간직하고 있답니다.

미진 씨, 나는 얼마 전에 본 '진상은 호구가 만드는 것'이란 글에 격하게 공감했어요. 식민지나 감옥을 만드는 것 역시 우리의 호구 같은 생각과 행동이 아닐까요?

미진 씨의 건강하고 평화로운 노후를 위해서 "안 돼", "난 그럴 힘이 없어"라고 말하는 습관을 키우세요. 뜻밖에 "알겠어요. 제가 해결할게요"라는 답이 돌아올지도 몰라요. 자식들의 자립심을 위해서라도 '여기까지!'라고 선을 긋기 바랍니다. 좋은 엄마, 좋은 할머니보다 행복한 미진 씨가 되길요.

#여기까지라고선언하기

만약 시간을 되돌릴 수 있다면 내가 대학에 들어간 순간
"엄마, 이젠 정말 엄마의 삶을 살아.
남편, 자식 신경 쓰지 말고 엄마의 행복을 찾아"라고
말해드리고 싶어요.

결혼하고 내내 시댁과 불화가 심합니다. 보기만 하면 얼굴을 붉히는데 그렇다고 영 안 볼 수도 없는 사이고…. 요즘은 시댁에 큰소리치거나 남처럼 사는 며느리도 많다는데 저는 첫 단추를 잘못 끼워서 그렇게는 못 하고 20년 동안 입 나온 며느리로 살고 있습니다. 노년이 되면 그나마 자유로워질까요?

From_남주

인내와 감수만이
능사는 아닙니다

자유로워지기를 기도해야죠. 시부모님이 빨리 돌아가시기를 기도하라는 것이 아니라 현재 상황에서도 자유를 찾는 방법을 모색해 봐야 하지 않을까요?

가끔 휴먼 다큐 프로그램에서 구십이 넘은 시부모를 지극정성 보살피는 육칠십 대 며느리가 나오죠. 치아가 없는 시어머니를 위한 유동식 식사도 챙겨드리고 머리도 빗겨드리며 며느리는 "젊을 땐 매운 시집살이에 고생했는데 이젠 시어머니가 친정어머니 같고 서로 의지하며 산다"고 잔잔한 미소를 짓습니다. 그 옆에서 시어머니는 고개를 끄덕이고 엄청난 미담처럼 포장이 되지요.

그런데 누가 시어머니고 누가 며느리인지 구별이 어려울 만큼 서로 호호할머니가 된 후에야 얻은 평화에 나는 어떤 표정을 지어야 할지 모를 때가 있어요. 호랑이 이가 다 빠져 무력해진 후에야 죽음의 공포를 느끼지 않는 토끼나 양 신세가 되어 얻은 자유가 무슨 의미가 있을까 싶어서요.

남주 씨와 시부모님 사이의 갈등 사유나 상황은 모르겠지만, 그 갈등이 절대 풀 수 없는 미션 임파서블은 아닐 겁니다. 자유를 누릴 열쇠는 남주 씨가 쥐고 있어요. 갓 결혼한 새댁이 중년이 되었는데도 여전히 시부모와의 갈등 때문에 스트레스를 받을 이유가 없습니다.

그런데 시부모와의 갈등 이유가 무엇인가요? 시댁에서 남주 씨의 집안, 성격이나 태도 등을 못마땅해하시나요? 아니면 시부모님의 과도한 요구와 기대가 부담스럽기 때문인가요? 문제를 정확히 알아야 답을 풀 수 있죠. 시부모가 늙어서 힘이 빠지기를 바라기 전에 부조리함이나 부당한 언행에 대해서는 직언을 드릴 필요가 있습니다. 인내와 감수만이 능사가 아니니까요.

한 여성은 딸만 둘을 낳았는데 결혼 20년이 넘도록 "아들 손주가 없어서 난 제삿밥도 못 얻어먹겠다"란 시어머니의 말씀을 고장 난 음반처럼 반복해 들으며 살았답니다. 그래서 제삿날 술을 한 잔 마시고 시어머니에게 "어머님, 이제 아들 타령은 그만 하세요. 오늘 할아버님 제자 음식도 아들이 아니라 며느리인 제가 차렸어요. 그리고 전 딸들에게도 제사 지내지 말라고 당부했어요. 또 한 번만 아들 타령하시면 진짜 어머니 아들 반품하거나 시댁과 인연을 끊겠어요"라고 또 박또박 말했답니다.

또 당연한 듯 시부모 용돈은 물론 대소사에 드는 비용을 모두 전담하길 요구하는 시댁 때문에 화병을 앓던 며느리도 가족 모임에서 "우리만 돈 버는 것도 아니고 요즘 사업이 어려워 더는 전담할 수 없어요. 이제 4남매가 공평하게 분담하자고요. 전에 지출한 비용은 기쁜 마음으로 냈지만 이젠 경제적으로도 쪼들리고, 솔직히 억울해서 잠도 안 와요"라고 선언했답니다.

두 경우 모두 처음엔 당혹해하고 저항이 컸지만, 갑자기 큰 목소리를 내자 결국은 며느리의 요구를 수용했답니다.

"부모에게 효도해야 복 받는다", "좋은 게 좋은 거다", "이왕 하던 일이니 참고 계속하라."

말을 참 쉽게 하죠. 하지만 시부모와 소원하거나 갈등이 있다고 천벌 받는 것도 아닙니다. 사람, 특히 견고한 고집으로 무장된 시부모가 갑자기 달라지기를 기대하는 건 너무 힘든 일이니, 남편을 일깨워서든 혹은 스스로 총대를 메든 문제점을 제기하고 그동안 너무 힘들었다고, 이젠 나도 나이 들어서 더 이상 참으면 죽을 것 같다고 말이라도 해보세요. 그래도 변화가 없는 분들이라면 남주 씨의 남은 인생을 위해서라도 시부모님에게 관심을 끄세요. 혹은 냉정하거나 무덤덤한 태도를 유지하세요. 그동안도 충분히 수고하셨습니다.

곰이 여우가 되기는 힘들지만 곰도 가슴을 치며 큰소리는 칠 수 있잖아요. 남주 씨의 자유는 남주 씨의 목소리에 달려 있답니다.

#신독립선언 #아드님반품주의

시부모가 늙어서 힘이 빠지기를 바라기 전에
부조리함이나 부당한 언행에 대해서는
직언을 드릴 필요가 있습니다.
인내와 감수만이 능사가 아니니까요.

남편은 효자 중의 효자예요. 어머니 사랑이 극진해서 주말마다 찾아가는 것은 물론 가족여행도 어머니와 같이 가려고 하죠. 결혼하고부터 지금까지 20년 가까이요. 그런 남편이 익숙해질 만도 한데 해가 갈수록 답답하고 남 같을 때가 있어요. 역시 효자와는 결혼하는 게 아니었을까요.

From_미송

둘이 아닌
셋이 하는 부부생활

효자 아들과 아들을 마냥 사랑하는 어머니, 이런 모자 관계는 서로 마주 보기엔 정말 아름다운 모습이죠. 하지만 그 사이에서 소외되는 며느리, 효자 마누라의 고독과 억울함은 다들 별 신경을 안 씁니다. 꼭 남편을 독점하거나 모자 관계를 훼방하는 것도 아닌데도요.

미송 씨와 똑같은 고민을 하는 여성을 압니다. 시어머니는 남들에게 '내 아들은 하늘이 내린 효자'라며 자랑스러워했죠. 결혼 후 3년 정도는 시어머니와 함께 살았고, 분가 후에도 아들은 매일 전화를 하고 주말엔 혼자라도 찾아가고, 해외 출장을 다녀와서도 어머니 선물만 한가득 사 왔지요.

모자가 등산이 취미여서 전국의 명산을 함께 다녔답니다. 며느리는 등산은 물론 운동에 취미가 없어서 동참하지 않았고요. 가족끼리 식사할 때도 항상 어머니 입맛에 맞춰 메뉴를 선정해서 며느리가 좋아하는 해산물 식당은 가본 적도 없답니다. 그런 불만 때문에 여성의 얼굴엔 늘 생기가 없어요.

듣기만 해도 갑갑해서 왜 남편에게 불만을 하소연하거나, 용기를 내서 시어머니에게 제발 어머니 아들이 내 남편이란 것도 생각해 달라고 요구하지 않냐고 했더니 씁쓸하게 웃으며 이렇게 말하더군요.

"아버지의 바람과 폭력에 시달리다 이혼한 후 어머니가 고생고생해서 자신을 키운 것을 알아서 남편은 어머니에게 효심보다는 연민이 커요. 시어머니에게는 아들이 남편이자 연인이라 그런 요구를 하면 극단적 선택도 할 것 같아 혼자 참아요. 무엇보다 내가 남편을 일방적으로 사랑해 성공한 결혼이라 이 정도는 감수해도 된다고 생각하고요."

그러던 어느 날, 남편이 회사에서 상을 받아 부상으로 부부동반 해외여행을 가게 되었답니다. 다행스럽게도 수상자 부부 10쌍이 가는 여행이라 그 자리에 시어머니가 대신 갈 수는 없는 상황이었다네요. 신혼여행 이후 처음으로 부부만의 여행을 가서 너무 행복하고, 왜 그동안 이런 행복을 포기하고 살았을까 생각하니 여행 첫날 저녁 술 한잔 마시고 감정이 복받쳐 펑펑 울었답니다.

아내가 여행 내내 너무 즐겁고 감사하고 벅찬 모습을 보이니 남편도 미안해하더래요. 그래서 1년에 한 번은 꼭 부부만의 여행을 가기로 약속했고, 지금까지 지키고 있어요. 시어머니에게는 남편이 "집사람이 갱년기 우울증 증세를 보이는데 의사가 아내를 존중해 주고 원하는 것을 해 주는 것이 약이라며 여행도 자주 하라고 했어요"라고 말했답니다.

미송 씨도 남편에게 "나는 꼭 우리 부부생활이 둘이 아니라 셋이 사는 것 같아. 나도 나이 들고 늙어가는데 언제까지 시어머니 아들이랑만 살아야 해? 당신에게서 너무 시어머니의 그림자가 크게 느껴져 마음도 몸도 멀어지게 되네"라고 털어놓아 보세요. 앞으로도 계속 시어머니 아들로만 살 거면 나도 며느리 노릇 하기 싫다, 당신을 시어머니에게 반납하고 싶다 등등 하고 싶은 말도 하고요. 혹은 부부 상담 전문가를 찾아 같이 상담을 받아 보는 것도 좋아요. 아내의 말은 안 들어도 전문가의 객관적인 조언에는 귀를 기울일 거예요.

가족여행에 시어머니를 모시고 가서도 미송 씨와 남편만

둘이 산책을 하거나, 미송 씨가 가고 싶은 식당을 예약하세요. 처음엔 시어머니의 눈치가 보이겠지만 그게 대수인가요. 그리고 남편에게 "이젠 내가 당신 어머니라고 생각해. 앞으로 나한테도 효자 아들 노릇 하길 기대할게"라고 은근한 협박(?)도 해보세요.

미송 씨가 더 늙기 전에 온전한 부부 사이를 만들기를 응원합니다. 아니면 미송 씨 혼자 여행을 떠나거나 자유로운 취미 생활이라도 해보세요. 남편을 곁에 두는 것만이 노후의 행복은 아니거든요. 남편과 시어머니의 반응에 상관없이 미송 씨의 의견을 당당히 전하기를 바랍니다.

#이혼당하기싫으면나한테도효도해라

혼자 여행을 떠나거나
자유로운 취미 생활이라도 해보세요.
남편을 곁에 두는 것만이 노후의 행복은 아니거든요.

첫 결혼에 실패하고 좋은 남자를 만나 재혼했습니다. 지금 남편은 자상하고 경제력도 있어서 만족하는데, 문제는 남편이 전처와 낳은 자녀들과의 마찰입니다. 저 때문인지 남편은 자녀들과 사사건건 부딪치더니 이제는 거의 남남이 되어버렸어요. 남편과 아이들 사이를 갈라놓은 게 저 같아서 마냥 행복할 수만은 없네요. 중간에서 제가 어떻게 하면 좋을까요?

From_은채

확실한
내 편 만들기

늦게라도 좋은 남자를 만난 행운을 축하합니다.

초혼이 멋진 배우자를 찾는 것이라면 재혼은 좋은 새아빠나 새엄마를 찾는 경우가 많습니다. 여자들은 나와 내 자녀를 책임질 능력 있는 남자를, 남자들은 내 아이를 친자식처럼 잘 보살펴 줄 여자를 찾는다고 하더군요. 재혼가정에서 배우자 자녀와의 갈등이 부부 갈등보다 더 두드러지는 것도 그런 이유인 것 같아요. 특히 아이들이 어느 정도 철이 들거나 자아가 형성된 이후에 만났을 때는 더욱 갈등이 깊어지죠.

은채 씨, 무엇보다 '나 때문에'란 죄의식을 버리길 바랍니다. 새엄마여서 겪는 갈등이지 은채 씨여서 생긴 문제가 아니거든요. 이혼이건 사별이건 한부모와 지내는 아이들의 경우 '나 때문에 우리 엄마 아빠가 헤어진 거야', '내가 나쁜 애여서 하나님이 우리 엄마(아빠)를 데려간 거야'라는 자책감에 시달린다고 합니다. 그래서 더욱 친부모에 대한 애착이나 집착, 기대가 심하다는군요.

그런데 홀연히 나타난 새엄마에게 아버지가 자상한 태도를 보이니 배신감이 극에 달해 결국 마찰을 빚는 겁니다. 위인전이나 매스컴에 등장하는 성품 고운 새엄마들도 처음부터 자녀들과 우호적인 관계는 아니었을 거예요. 세월이 흐르고 엄청난 갈등을 겪은 후에야 모난 데가 둥글어지듯 마음이 열린 거겠죠. 은채 씨가 아니라 다른 여성이 그 자리에 있어도 마찬가지라는 이야기예요.

언젠가 한 여성 변호사가 가족 이야기를 들려줬어요.

"초등학교 6학년 때 아빠가 재혼했는데, 친엄마에 대한 그리움이나 아빠를 뺏겼다는 원망을 몽땅 새엄마에게 퍼부었어요. 지금 생각해보면 미친 행동이었죠. 새엄마가 도시락을 싸 줘도 안 가져가고, 사소한 말에도 큰 소리로 울어서 다른 가족들에게 학대받은 것처럼 보이게 했어요. 그런 나를 새엄마는 묵묵히 받아 주고 보듬어 주셨죠. 전공이 아닌데도 사법시험을 치겠다고 했을 때 새엄마만 나를 응원해 줬어요. 경제적 지원도 해 주셨고요. 사법고시에 합격했을 때 아버지보다 새엄마에게 먼저 알렸어요. 이젠 그분이 진짜 내 엄마예요."

지금은 비록 남같이 소원해졌어도 너무 걱정하지 말아요. 원수 같다가도 금방 앙금이 눈 녹듯 사라지는 게 가족이거든요. 겨울에서 봄이 와야 눈이 녹듯 차가운 사이가 따뜻해지는 데도 시간과 인내가 필요하답니다.

"난 새엄마이지만 너희들이 잘되기를 바라고 너희를 믿는다"는 표현을 자주 해 주세요. 직접 말하기 어려우면 문자를 보내거나 카드라도요. 진심은 시간이 오래 걸리기는 하지만 결국 통합니다. 절대 남편에게 자녀의 흉을 보거나 억울하다는 하소연은 하지 말고요. 아무리 아내를 사랑해도 자기 피붙이를 욕하는 걸 좋아하는 사람은 없으니까요. 그저 아이들이 부모의 진심을 헤아릴 날이 곧 올 거라고 용기를 주세요.

그리고 무엇보다 자신의 힘을 키우세요. 자녀들에게 아버지는 새엄마의 말은 듣는다는 것, 적어도 새엄마를 존중한다는 것을 인식시켜야 합니다. 가족관계 역시 파워게임이기 때문에, 처음엔 거부반응을 보이거나 반항하더라도 결국 강자에게 굴복하기 마련이죠. 아버지에게 뭔가를 얻거나 요구하려면 새엄마를 통해야 한다는 것을 알면 태도가 바뀔 겁니다. 또 다른 힘은 돈이나 실력이죠. 찔끔찔끔 주는 용돈 말고, 정말 간절히 바라는 물건을 사 준다거나, 인맥을 동원해 어려운 문제를 해결해 주면 아이들도 새엄마의 권위를 인정하게 됩니다.

독신이던 후배는 마흔이 넘어 딸이 둘 있는 남자와 결혼했어요. 딸들은 친엄마와 같이 사는데 한 달에 한두 번 같이 밥도 먹고 대화도 자주 하더군요. 애들에게 "아줌마는 아이를 낳아 본 적이 없어 엄마 노릇은 못 할 것 같아. 서로 도와주고 친하게 지내자"라고 했대요. 요즘 애들은 쿨해서, 잔소리하지 않고 자신들을 존중하며 선물도 잘 주는 새엄마랑 사이가 좋다더군요. 2년 전 큰딸이 명문대 들어갔을 때는 "우리 딸이요~"라며 자랑하더라고요.

내가 아는 다른 여성도 재혼을 통해 만난 딸과 친딸처럼 사이좋게 지냅니다. 남편보다 재력이 빵빵해서 의붓딸 미국 유학도 보내 주고 수시로 같이 여행도 하더군요. 부부는 나중에 이혼했지만, 딸은 친아빠가 아닌 새엄마를 선택해 같이 삽니다. 꼭 경제적 지원만은 아니고 서로 이해하고 사랑하기 때문이겠지만, 현실적인 요즘 애들다운 선택이라는 생각이 들었어요.

은채 씨 때문에 남편과 자식 사이가 나빠졌다고 해도 죄책감에 시달리는 것은 도움이 되지 않아요. 가족을 위해서가 아니라 은채 씨의 행복과 평화를 위해서 '아이들도 언젠가 나를 좋아하게 될 거야'란 주문을 자꾸 외우세요. 친부모와 자식 사이에도 피눈물 나는 갈등과 전쟁이 일어나는데 지금의 갈등은 어쩌면 당연한 거랍니다.

남편에게도 자상하게 대해 줘서 감사하다는 말을 꼭 전하세요. 현실적인 조언을 하자면 새엄마 역할보다 좋은 아내 역할에 더 충실하길 바라요. 확실한 내 편을 만들어야죠.

#가족관계역시파워게임 #자신의힘을키우세요

경제적으로 어려운 것도 아닌데 시부모님은 항상 돈돈 하십니다. 같이 식사를 하러 가도 밥값 한 번을 안 내시고, 가족 간에 돈 들어갈 일이 생기면 항상 없는 시늉을 하며 회피하시죠. 남들은 자식에게 유산을 상속해 준다느니, 할아버지 재력이 손자의 인생을 결정한다는데 도와주기는커녕 늘 돈 없다고 하소연하시니 자꾸 시댁이 미워져요. 자린고비 시부모님의 며느리 인생을 어떻게 졸업할 수 있을까요?

From_은아

짠순이 시월드
vs 상전 시월드

경제적 여유가 있으셔도 시부모 세대의 분들은 절약과 근면이 세포 마디마디에 박혀 있는 분들이 대부분이에요.

얼마 전 전원주 씨가 며느리와 함께 방송에 출연했어요. 전원주 씨는 전기요금 절약한다고 불도 안 켠 집에서 적어도 10개는 넘어 보이는 통장을 확인하고 있었어요. 며느리와 외출해서도 카페에서 커피를 한 잔만 주문하고, 천장 도배도 전문가를 안 부르고 며느리에게 맡기더군요.

며느리는 이제 제발 어머니를 위해서 돈을 좀 쓰시라고 했지만 전원주 씨는 고개를 절레절레 저으셨어요. 며느리가 보기엔 참 안타깝고 답답하지만, 전원주 씨는 남들 보기에는 궁상스러워도 자신의 근검 생활과 늘어나는 통장이 기쁨이자 자부심인 듯합니다. 그런데 격주로 반찬을 만들어오는 며느리에게 반찬값으로 100만 원이 든 봉투를 건네는 모습에서 함께 출연한 이들이 앞다투어 "저는 더 많은 반찬을 만들어 갈게요", "난 국도 끓여갈 수 있어요"라고 목소리를 높였어요. 음식 솜씨 없는 나까지도요.

아마도 은아 씨의 시부모님들은 어릴 때 아껴 쓰는 습관이 배어 있거나, 혹은 돈 때문에 고통을 겪은 경험이 있을지 모릅니다. 100세 시대이니 더더욱 노후 자금을 단단히 지켜야 한다는 의식을 갖고 계시겠죠.

또, 친구들 모임에서의 대화도 영향을 미쳤을 수 있어요. 요즘 노인들이 모이면 "절대 자식들에게 유산을 미리 주지 말아라, 돈만 받고 효도는 안 한다", "돈이 있는 척해야 안부 전화라도 하니까 줄듯 말듯 밀당을 해야 한다", "자식들에게 돈을 주고 싶어도 이를 악물어라" 등의 대화가 오가는 것이 어르신 교실의 풍경이랍니다.

은아 씨, 시부모님의 자린고비 정신 때문에 스트레스를 받고 만남도 싫다면 이런 식으로 이야기해 보세요.

"어머님, 우리가 아니라 어머님과 아버님을 위해서라도 이젠 좀 즐기고 사셔요. 손주들에게도 나중에 '우리 할아버지 할머니는 용돈 한 푼 안 주셨어', '돈 이야기만 나오면 모른 척하셨지'란 말을 들으시면 어떡해요. 목마를 때 주시는 물 한 모금이 나중에 차려 주는 잔칫상보다 더 소중할 수 있잖아요."

너무 정색하거나 진지하게 말고, 돈 아끼다가 쓸쓸히 생을 마감한 노인들의 사례 등을 곁들여 부드럽게 전해 보세요.

사실 며느리나 손주들에게 경제적 지원을 해 주는 시부모들은 마치 고용주나 상전처럼 요구도 만만치 않아요. 수시로 며느리에게 전화나 문자를 하고, 며느리에게 반찬이며 선물 등을 요구하고, 생일상은 물론 친구들 모임에도 장신구처럼 부르는 사례를 많이 목격했어요. 매주 교회에서 만나 용돈을 주는 시아버지 때문에 마지못해 교회에 출석하는 불교 신자 며느리도 있고, 아들네 생활비를 보조해 주는 대신 하루 10번씩 전화하는 시어머니도 있답니다. 짠순이 시부모와 상전 시부모 스트레스 중 어느 쪽이 강도가 높을지는 모르지만요.

용돈을 올려달라고 며느리 회사까지 찾아와 호통친 시아버지, 조금만 아파도 병원에 입원해 의료보험 혜택도 못 받는 특실만 요구하는 시어머니, 다단계에 빠져 온 집안을 망친 시부모 등 대책 없는 시월드 사례는 한도 끝도 없어요. 그런 시부모들과 비교하면 은아 씨의 며느리 인생은 결코 비극이 아닙니다. 지금의 며느리 생활을 졸업하기 위해선 졸업시험을 치르듯 시어머니에게 직언할 용기도 필요하고요.

미운 시어머니에게 인절미를 대접하는 며느리의 심정으로 시부모님에게 따뜻한 말 한마디나 공감의 표정을 보내면 혹시 은아 씨 가족에게 재산을 남기는 유언장을 쓰실지 누가 알겠어요.

내가 너무 아침드라마를 많이 본 것 같긴 하지만, 나는 그렇게라도 마음을 바꾸어 먹는 것이 은아 씨에게 도움이 될 것 같거든요. 시부모님은 바뀌기 힘드니까요.

#떡하나주시면안미워할게요

미운 시어머니에게 인절미를 대접하는 며느리의 심정으로
시부모님에게 따뜻한 말 한마디나 공감의 표정을 보내면
혹시 은아 씨 가족에게 재산을 남기는 유언장을 쓰실지 누가 알겠어요.

갱년기만으로도 벅찬데, 요즘 사춘기 딸아이와 전쟁을 치르고 있습니다. 어찌나 말을 안 들어 먹는지 내 자식인데도 피가 거꾸로 솟아요. 불안정한 때니까 이해해 줘야지 하다가도 하루에 열두 번도 더 싸웁니다. 대체 이 전쟁은 언제쯤 끝이 날까요?

From_주혜

전쟁을
끝내는 방법

역사에서 보듯 모든 전쟁은 언젠가 끝이 납니다. 휴전이든 종전이든 서로에게 상처를 남기긴 하지만요.

갱년기 엄마와 사춘기 자녀의 전쟁을 끝내려면 엄마가 사춘기의 '정체'를 파악해야 합니다. 우리가 사춘기였을 때는 정작 사춘기인지도 몰랐거나 혹은 사춘기인 척 맹랑한 짓을 일삼았겠지만, 20~30년이 지난 지금 영화를 돌려보듯 냉정히 그 시절을 떠올려 보면 사춘기의 그 난해함을 어느 정도 이해할 수 있습니다.

얼마 전에 그 해답을 후배에게 듣고 격한 공감을 했어요. 전문가들은 사춘기를 호르몬의 변화와 이차 성징 같은 성적

성숙의 과정에서 보이는 질풍노도의 시기라고 규정해요. 그런데 요즘은 초등학교 3학년만 돼도 사춘기 증세를 보이잖아요. 30년 경력의 기자이면서 두 아들을 키운 김후호정 씨의 경험담과 분석을 들려드릴게요.

"사춘기 증상이 심한 아이들은 '자기 성찰'을 하는 중이에요. 자기가 부모의 기대에 못 미친다는 자책감 때문에 부모에게, 특히 애정과 관심이 큰 엄마에게 미안하다는 생각에 그런 행동을 하는 거죠. 저도 아들이 속 썩여서 마음을 가라앉히려고 절에 간 적이 있어요. 절에서 만난 한 보살님이, 아들은 부모에게 칭찬받고 잘 보이고 싶은데 엄마가 그 노력을 몰라주니 속이 상해 그렇게 반항도 하고 비뚤어진 행동을 하는 거라고 하더군요. 우리도 모르게 아이에게 부담을 주고 질책하다가 결국 서로 화를 내며 전쟁을 벌이는 거죠.

아이가 공부를 안 하는 것 같아 큰맘 먹고 고액의 사교육 프로그램을 신청했는데 그다음 날 아들이 가출했어요. 가정경제에 타격을 주는 고가의 과외를 받고 성적이 오를 자신이 없어 도망간 거예요. 사춘기 아이들은 부모의 기대가 고맙지만 부담스럽고, 그 기대에 부응하지 못한 자신이 한심해서 어긋난 행동을 보이는 것 같아요. 결국, 아이가 스스로 극복하고 목표를 세우도록 믿고 기다려 줘야 해요. 그 아들이 지금은 자기 전공을 찾아 즐겁게 살고 완전 효자가 됐어요. 시간이 약이에요."

아이의 개성과 특성을 파악하기보다 '아이는 이렇게 키워야 한다'는 생각에 갇혀 지나치게 통제하거나 전문가의 이야기만 듣다 부작용을 낳기도 해요.

한 어머니는 텔레비전 프로그램에서 거실을 도서관처럼 만들어서 온 가족이 모여 책을 읽고 대화를 나누는 모습을 보고 '저거다!' 했대요. 당장 거실 소파부터 치우고 벽을 책장으로 장식한 뒤 큰 책상을 놓고 부부가 솔선수범해 책을 읽는 모습을 보였답니다. 그랬으니 아이들도 따라서 책을 읽고 토론하고 가족 대화가 풍성해질 줄 알았는데, 그러긴커녕 온순했던 딸이 "집에 들어와 거실 책장만 보면 숨이 턱 막힌다"며 자기 방에서 안 나오더랍니다. 어머니는 "결국 내 행동이 다 쇼였다는 걸 인정하고 거실에 다시 소파를 옮겨 놓고서야 가정에 평화가 찾아왔다"고 하더군요.

중견기업의 임원인 한 어머니는 마냥 착하고 순진했던 딸아이가 중학교 3학년 방학 때 상의도 없이 머리를 보라색으로 물들이고 요상한 옷차림을 해서 경악을 했답니다. 알고 보니 모범생인 딸이 자유로운 영혼의 친구를 만나 온몸으로 동료의식을 보여 준 거였어요. 친구 집에서 공부한다며 외박도 하고 술까지 마셨다네요.

처음엔 너무 당혹스럽고 화가 나서 학교 측에 알려야 하나 말아야 하나, 아이 부모에게 항의 전화라도 넣어야 하나 말아야 하나 고민이 많았겠죠. 하지만 그러면 아이들이 엇나갈 수도 있어서 딸아이에게 틈틈이 전화나 문자로 "엄마는 널 진짜 많이 사랑하고 믿어. 염색 머리도 멋지지만 원래 네 머리색이 젤 예뻐" 등등 진심을 전하는 방법을 택했대요. 결국 딸은 "아무리 생각해도 이렇게 나를 사랑하고 믿어 주는 엄마를 실망시키고 싶지 않다"며 다시 자기 모습으로 돌아왔답니다.

주혜 씨, 수시로 용광로처럼 끓어올랐다가 얼음처럼 차가워지는 몸도, 그 못지않게 롤러코스터를 타는 마음도 주체가 안 되어 미치겠는데 자식까지 한술 더 떠 기름을 붓고 있으니 얼마나 속이 탈까요. 그런데 아이의 그 지랄발광(?)이 엄마가 미워서도 아니고 약 올리기 위해서도 아니라, 별난 자기 성찰 중이라면, 엄마에게 자랑스러운 자식이 못 되어 미안해서 그런 거라면 또 얼마나 짠하고 안쓰러운가요. 정작 그 질풍노도의 시기를 얌전히 보낸 아이들, 자기 성찰의 기회를 놓친 아이들은 뒤늦게 괴물이 되기도 한답니다.

주혜 씨, 자식이란 18세가 될 때까지 하나님이 부모에게 맡기신 선물이라고 하더군요. 그때까지 자식과 마음을 나누지 못한다면 다시는 기회가 없답니다. 아이가 사춘기라는 무지막지한 시기를 맞았다는 걸 쿨하게 받아들이는 순간 전쟁은 끝날 거예요. 누가 이기느냐가 뭐가 중요한가요. 결국 끝난다는 것만 알면 힘 뺄 필요 없지요.

#내아이의별난자기성찰

5장

좀 더 멋진 사람이
되는 연습

중년기의 내가, 이것저것 너무 많은 음식 앞에서
뭘 골라야 할지 몰라 허둥대던 뷔페식당 같았다면,
오십 이후의 나는 단출한 한두 가지 메뉴로 승부하는 전문식당 같아요.
딱 맞는 내 스타일, 내 입맛을 찾은 듯 망설임 없이 메뉴를 선택하고
여유롭게 식사를 즐깁니다. 그래서 나이 드는 것,
늙어가는 것을 서글퍼하거나 억울해하기보다
평화롭게 받아들이게 됐어요.

대학, 취업, 일과 연애, 결혼과 양육…. 십 대부터 사십 대가 된 지금까지 목표를 이루기 위해 정말 치열하게 산 거 같아요. 성취감도 있었지만 되돌아보면 너무 부대끼면서 소모적으로 살았다는 후회가 드네요. 언제까지 이렇게 나를 소모하며 살아야 하는 건지, 육십이 되면 삶이 좀 편안해질까요?

From_승신

나이에는
힘이 있어요

나는 오십 대 중반부터 확실히 편안해졌어요. 사십 대가 정말 처절했거든요. 이제야 자주 평화로움을 느낍니다. 성공이나 행복보다 자유와 평화를 추구해서 그렇기도 하지만, 육십이 넘으니 어느 상황에서도 편안함을 유지하는 작은 지혜가 자리 잡아가는 것 같아요.

노후를 걱정할 필요 없는 풍족한 자산, 근심과 걱정이 사라져서 느끼는 편안함이 아니에요. 60번 이상의 봄 여름 가을 겨울을 온몸으로 체험하고 수많은 사람을 만나고 관찰하고 난 후에 '부질없는 걱정이나 막연한 두려움'과 거리를 두게 되었어요. 그리고 사람은 누구나 다 비슷비슷하다는 것을 알게 되어 남을 부러워하거나 시기 질투하며 나를 지옥 불에 집어넣는 어리석은 짓을 줄여간 덕분이죠. 또 내 실수를 인정하는 일이 훨씬 쉬워졌어요. 실수 좀 했다고 내 인생이 끝나지 않는다는 걸 아니까요.

편안해지는 비결은 세월이 아니라 확실한 걱정거리와 막연한 두려움이 안개처럼 나를 감쌀 때 잠시 멈추고 그 생각을 살펴보는 것입니다.

처리할 일이 있다면 가장 먼저 할 일은 뭘까, 시간이 부족하면 시간을 연장할 수는 있을까, 도움을 받을 일이 있다면 누구에게 받으면 좋을까 등등 무나 당근을 채 썰듯 상황을 잘게 쪼개 보는 거죠. 구체적으로 들여다보면 의외로 별거 아니라는 걸 알 수 있을 거예요. 우리는 걱정의 내용보다 훅 다가오는 걱정의 무게에 짓눌려 불안해하거든요.

질병이나 죽음에 대한 두려움, 인간관계에서 오는 불안함도 마찬가지예요. 두려움은 그 대상이 아니라 그 대상을 바라보는 내면의 반응입니다. 요즘 어지간한 병은 의학발달로 치료가 되고 죽음은 미지의 세계이니 우리 소관이 아니죠. 내 친구가 아들에게 자기 장례식은 이러저러하게 치르고 화장해서 수목장으로 해달라고 하니 아들이 "엄마, 장례식은 고인이 아니라 상주가 주관하는 거니 제가 알아서 할게요"라고 하더랍니다.

인간관계에서 오는 갈등도 나이 들면 낙엽 지고 가지 치듯 저절로 정리되더군요. 내가 서서히 물러나거나 저쪽에서 사라지거나 번잡한 관계들이 사라지고 핵심 인물만 남아요.

오래전에 한 스님이 고민이나 속상한 일이 생기면 '구나' '겠지' '다행이다'란 3단계로 나눠 생각하라고 했어요. 누가 친구들에게 내 흉을 봤다는 이야기를 전해 들으면 당연히 기분 나쁘죠. 그때 '아무개가 내 흉을 봤구나'(인정), '나한테 못마땅한 게 있었겠지'(이해), '그래도 뒷말만 하고 인터넷 게시판에 엉뚱한 글은 안 올려 다행이다'(긍정 수용)로 나눠 생각하면 크게 고민할 것도 없다고 했는데 꽤 도움이 됐어요. 누군가는 날 욕할 권리가 있고 난 그걸 무시할 권리가 있으니까요.

나이 들어 편안해지는 가장 큰 비결은 나 이외의 사람이 되려고 노력할 필요가 없다는 것을 알아서예요. 내가 아닌 다른 사람이 되려고 안달복달하고, 되고 싶은데 될 수 없는 사람을 질투하느라 더 이상 에너지를 소모하지 않거든요. 60년 넘게 살아 보니 부와 권력과 미모와 화목한 가정을 영원히 유지하는 사람은 아무도 없다는 것을 알아요. 처녀 시절의 눈부신 미모에 집착해 성형중독이 된 여배우, 거물이었다가 고물로 추락한 정치인, 재산은 많지만 자녀가 엉망인 재벌, 과거의 명함과 영화를 못 잊어 "나 때는 말이야"만 떠들어 꼰대 취급을 받는 이들을 보면서 나는 연연할 것이 별로 없어 다행이라는 안도의 숨을 쉰답니다.

질투를 하지 않으니(아주 안 하는 것은 아닙니다) 남들에게 착한 말, 좋은 말, 축복의 말을 자주 해요. 별장을 가진 친구 덕분에 별장에서 놀아보기도 하고, 부자인 데다 넉넉한 품성의 친구가 사는 밥과 선물을 기꺼이 받으면서 땡큐만 연발합니다. 세금 걱정이나 관리는 친구의 몫이고 나는 잠시라도 누리기만 하니까 그들이 계속 잘 살기를 진심으로 바란답니다. 뻔뻔하다고요? 편안해지려면 기꺼이 뻔뻔할 필요도 있다고 생각해요. 이게 나이의 힘이죠.

승신 씨, 지금부터 너무 평화와 편안만 누릴 필요는 없어요. 목마르다가 마신 한 잔의 물이 생명수처럼 느껴지듯 오래 걸려 스스로 만든 편안함이 진짜 값지답니다. 조금 더 기다려 봐요.

#부질없는것들과이별하기 #다른사람이될이유가사라져요

편안해지는 비결은
세월이 아니라 확실한 걱정거리와
막연한 두려움이 안개처럼 나를 감쌀 때
잠시 멈추고 그 생각을 살펴보는 것입니다.

아이와 자주 싸워요. 저더러 자꾸 깜빡하면서 왜 메모를 안 하냐는 둥, 물건 정리가 왜 이 모양이냐는 둥 남편도 안 하는 잔소리를 합니다. 맞는 말일 때도, 억지를 부릴 때도 있는데 말투가 거슬려 부글부글할 때가 많아요. 부모에게 자꾸 지적하는 자녀, 어떻게 다뤄야 하나요?

From_수영

우리를
화나게 하는 것들

  지적, 충고, 조언, 훈계. 우리는 사랑 혹은 관심이란 명분으로 가족과 지인들의 잘못이나 고칠 점을 콕 집어 알려 줍니다.

  나도 예전엔 대한지적공사 대표로 취임해도 좋을 만큼 지적질이 일상이었죠. 기자 생활을 오래 한 탓에 사람 이름이나 지명, 책이나 영화 제목을 틀리게 말하는 이들에게는 남녀노소 상관없이 즉석에서 지적했답니다. 나는 그들의 오류와 실수를 바로잡아 주고 다른 사람 앞에서 더 좋은 모습을 보여 주려는 의도였지만, 당사자들이 기꺼이 받아들이고 감사하는 경우는 드물었어요. 불편한 심기를 얼굴에 그대로 드러내거나 '당신이나 잘하세요'란 냉소적인 표정을 지으며 돌아서기도 했습니다.

나 또한 매사 칠칠치 못하고 둔감해서 지적을 많이 받아요. "화장이 너무 진하다", "말 좀 천천히 해라", "식탐을 줄여라", "후배들에게 위엄을 보여라", "운동 좀 해라" 등등 평생 지적과 조언을 듣고 있죠. 몇 가지는 공감하고 습관이나 행동을 바꾸었지만, 여전히 여러 면이 부실한 사람입니다.

요즘 나에게 지적질을 자주 하는 사람은 딸입니다. 딸이 어렸을 때 "엄마는 왜 그래? 그런 것도 몰라?"라고 하면 적당히 무시하거나 "엄마가 정신이 없었나 봐", "우리 때는 그런 거 안 배웠어"라면서 넘겼죠. 그런데 딸이 나보다 훨씬 유식해진 요즘, 지적과 비난과 비판을 버무린 말을 하면 몹시 상처를 받아요.

"엄마는 엄마 몸한테 미안하지 않아? 이제 운동도 하고 관리 좀 해."

"액세서리는 귀걸이, 목걸이, 브로치 중 하나만 해. 보기만 해도 정신없어."

"싸구려 옷만 많이 사지 말고 고급스러운 옷 하나 사서 오래 입으라니까."

"엄마는 왜 다른 엄마들처럼 딸한테 살림법을 안 알려 줬어?"

다 내게 약이 되는 말이고 맞는 말이지만, 마치 동생이나 딸한테 하는 듯한 지적질엔 빈정이 상해서 "내가 친구냐? 엄마가 그렇게 만만해? 난 열심히 돈 벌어 너 유학시키느라 살림법까지 알려줄 시간이 없었다, 왜?"라고 말하고 싶어요. 그래도 참죠. 과거 직장에서는 후배들에게도 "선배가 국장에게 더 세게 항의했어야죠" 같은 말을 많이 들었어요. 그때도 내 잘못이라면 쿨하게 인정했어요.

자식이나 후배의 지적에 화가 나고 상처받는 이유는 '지적은 윗사람이 아랫사람에게 하는 것'이라는 편견이나 '낳아 주고 길러 준 엄마, 혹은 지도편달한 선배는 무조건 존경해야 한다'는 일종의 갑질 의식이 있기 때문일 겁니다.

그런데 한편 생각해보면 그 순간 나를 화나게 했던 건 '지적질' 자체가 아니라, 그런 말을 하는 상대의 '태도'더군요. 비아냥거리거나 버릇없거나 냉소적인, 예의 없는 그 태도 말입니다.

그러니 그 둘을 잘 구분하되, 지적의 내용이 합당하다면 그것을 받아들일 의향을 밝히고 태도의 문제를 해결하면 됩니다. 권위적인 태도로 나무라는 것이 아니라 어른으로서 바른말을 해 주세요. 자녀의 태도를 바로잡는 것은 부모의 역할이니까요.

수영 씨, 버릇없이 따지거나 따박따박 지적하는 아이들을 문제아로만 보지는 마세요. 그런 아이들은 힘과 자유도가 높은 아이들이랍니다. 또 엄마를 망신 주고 싶어서가 아니라 좀 더 나은 사람, 멋진 존재가 되었으면 하는 바람으로 기꺼이 그런 지적을 하는 것임을 알아주세요. 뜻밖에도 아이들은 마음속으로는 우리를 큰 존재로 여기더군요. 싫거나 부끄러운 존재라면 지적도 안 하죠.

난 딸의 지적과 충고를 잘 들어 줘요. 귀로 듣는다는 거지 꼭 개선한다는 뜻은 아닙니다. 얼마 전 딸이 "엄마는 눈이 큰데 왜 그렇게 눈 화장을 진하게 해?"라고 하기에 "내 눈이 어떤 모양인지 확실히 보여 주려고"라고 말했죠. 딸이 어이없어 웃더군요. 청소나 정리를 잘 안 한다는 지적엔 "난 이게 편해, 불편하면 네가 해 줘"라고 한술 더 뜨고요.

"남들에게 다른 사람 흉보지 마, 그러면 엄마가 참 저렴해 보여"란 지적은 폐부를 찌르는지라 기꺼이 받아들여요. 수시로 목구멍까지 차오르는 뒷담화 욕구를 어금니 꽉 깨물고 참

는답니다. 어쩜 이렇게 대응하는 건 내가 근본적으로 둔감하고 자존감이 높은 사람이라 그럴 겁니다.

수영 씨, 자식이 뭔가 지적하면 일단 들어 주세요. "넌 그렇게 생각하는구나. 알았어, 엄마도 노력할게. 하지만 그렇게 막 나를 비난하거나 나무라는 투로 말하면 엄마도 상처받아." 이렇게 말해 보는 건 어떨까요? 듣기 싫은 소리에 무조건 발끈하거나 화부터 내면 아이들과 멀어질 수밖에 없거든요.

오십이 넘으면 자식을 스승으로 삼아야 할 때입니다. 수업료는 이미 지불한 스승 말이에요. 자존심을 살짝 내려놓고 수영 씨가 더 성장하고 멋진 사람이 되는 길을 택하세요. 그 결과 뭔가가 더 나아졌다면 진심으로 아이에게 고마움을 표하시고요.

#일단들어주기 #태도와내용을분리하기

진짜 어른이 되고 싶습니다. 무늬만 어른 말고, 괜찮은 어른이요. 괜찮은 어른에 대한 기준은 저마다 다르겠지만, 제 생각엔 우아하고 교양 있는 사람에 가깝지 않나 싶어요. 요즘 들어 저도 그렇게 나이 들고 싶다는 생각을 자주 합니다. 우아한 사람이 되려면 무엇보다 내 마음부터 다스릴 줄 알아야 할 텐데, 마음을 다스리는 가장 좋은 방법은 뭘까요?

From_수경

교양과
우아함에 대한 고찰

우아하지도 교양 있지도 않을뿐더러 나이 들어도 어른스럽지 못하고 여전히 유치한 내게는 너무 어렵고 가혹한(?) 질문이네요. 마치 수학 포기자에게 수학 공부법을 물어보는 것 같습니다. 하지만 나 역시 '우아함'과 '마음 다스리기'는 항상 관심사이고 열망하는 부분이어서 조금은 내 생각을 이야기할 수 있을 것 같아요.

우아함은 외모나 세련미와는 별로 상관이 없고 '태도'가 좌우한다고 생각해요. 몇 해 전 재벌 사모님이 부하직원과 도우미에게 포악스럽게 욕하고 폭력을 행사하는 모습을 기억할 겁니다. 이름만 대면 다 아는 재벌 가문에서 어떻게 저렇게까지 할 수 있나 충격이었죠. 그분을 잘 아는 이들도 "평소 모임에서 볼 때는 교양 있고 우아한 분이었다"며 놀라더군요. 법조인 출신의 어느 관료도 술자리에서 너무 질펀한 음담패설을 늘어놓는다는 목격담을 들었어요. 참 단아한 맵시에 늘 애국과 정의를 말하는 분의 두 얼굴이 경이롭기만 했죠.

흔히 우아함 하면 떠오르는 얼굴들 오드리 헵번, 김혜자, 다이애나비의 공통점은 연민과 용기의 소유자들이란 겁니다. 약자나 보살핌이 필요한 이들의 심정을 헤아려 그들에게 기꺼이 손을 내미는 이들이 참 우아해 보이죠.

나는 이번 생에 우아하기는 글렀다고 포기하려 했는데, 워싱턴포스트지에 20여 년 동안 예술·문화 관련 비평을 써온 사라 카우프먼은 《우아함의 기술》이란 책에서 우리 모두 우아해질 수 있다고 주장합니다. 우아함은 겉치레만이 아니라, 몸과 마음, 그리고 정신적인 습관들을 통해 얻어지는 일상의 처신 방식이라는 거죠. 진심으로 귀를 기울여 듣고, 말하기 전에 생각하고, 우아하게 움직이는 사람들을 잘 관찰하면서 조금씩 흉내 내고 몸으로 받아들이다 보면 우아함이 내 것이 된다는 겁니다.

그러니 수경 씨가 보기에 우아함의 롤모델, 닮고 싶은 사람이 있다면 가까이에서 혹은 자료를 통해서라도 비슷한 언행을 따라 해보세요. 나는 우아함은 타고나기보다 길러지고 습득하는 것이라고 생각해요.

또, 흔히 교양 있다고 하면 사회나 문화에 대한 폭넓은 지식이 있는 사람을 떠올리죠. 그런데 미투의 가해자들은 겉으로는 교양인들이어서 더 충격적이더군요. 그런 걸 보면 교양은 학교나 책에서 배운 지식으로 판단되는 것이 아니라 상식과 매너가 아닐까요?

언젠가 강의가 있어 제주도에 갔다가 시간이 남아 카페에 들렀습니다. 희끗희끗한 머리를 무심히 묶은 카페 주인이 책을 읽고 있다가 내가 들어서자 반가운 표정으로 맞았어요. 커피 원두에 관해 설명도 해 주고 문외한인 내게 취향을 물어본 다음 정성껏 커피를 내려 주고 다시 자리로 돌아가 책을 읽더군요. 커피잔은 미리 데워져 따스했고 커피는 내 입맛에 딱 맞았어요.

잠시 후 내 표정을 살피는 주인에게 만족한다는 미소를 전했습니다. 손님이 거의 없는데도 여유롭게 독서에 열중하는 주인과 커피 향기, 카페에 흐르는 음악 등이 너무 교양 있게 느껴졌어요. 자기 일을 사랑하고 공부도 하고 예절 바르게 행동하는 것, 그게 교양 있는 사람의 태도 같아요.

마음 다스리기 역시 나이 든다고 얻는 보너스는 아닙니다. 경전을 읽고 명상을 해도 쉽게 다스려지지 않죠. 다만 내 마음과 생각에 질문을 던지는 습관이 도움이 되더군요.

'저 사람이 얄미운 건 그의 태도 탓인가 아니면 잘나가는 그에 대한 나의 질투인가?'

'지금 내 마음이 진짜 원하는 것, 혹은 두려워하는 것은 무엇인가?'

'내 생각이 꼭 옳은가? 편견은 아닌가?'

'마음의 평정과 평화를 얻으려면 어떻게 해야 하나?'

이런 질문을 하면서 마음을 잘 들여다보고 살핍니다.

스캔들과 루머가 무성했던 한 여성을 모임에서 만났어요. 동석했던 지인이 "참 괜찮은 사람 같다"고 호감을 보이더군요. "뭐가 괜찮아, 그 스캔들 알아?"란 말이 목구멍까지 차올랐지만 잠시 입을 다물고 '그 스캔들이 진실인지 내가 직접 확인한 것도 아니고, 그게 진실이라고 해도 내 입으로 전해 줄 이유는 없지'라고 생각을 정리했습니다. 지금도 그렇게 한 것을 참 '교양 있는' 행동이었다고 생각해요. 그 여성에 대한 나쁜 소문을 전하지 않은 것은 내가 착하고 지혜로워진 것이 아니라 마음과 대화를 한 덕분이죠. 그건 온전히 나이가 주는 힘, 약간의 분별력 덕분인 것 같아요. 진짜 어른은 마음에서 머리로 이어지는 것들을 잘 살필 줄 아는 사람일 거예요.

수경 씨가 우아, 교양, 마음 다스리기를 화두로 삼은 것만으로도 수경 씨는 충분히 우아하고 교양 있게 노년을 보낼 거란 생각이 들어요. 사람도 나뭇가지처럼 지향하는 곳으로 자란답니다. 두고 봐요.

#교양은어디에서오는가 #진짜어른이되려면

점점 싸움꾼이 되는 것 같아요. 아이들과 싸우고 남편과 싸우고 부모님과 친구와도 싸우는 내 모습을 보면서 내 대화법에 문제가 있나, 고민하는 중입니다. 나이 들면 온화해진다는데 왜 저는 더 날카로워지는 걸까요?

From_수원

싸움의 기술을
익히세요

일단 자신을 싸움꾼으로 쿨하게 인정한 수원 씨의 자세에 박수를 보냅니다.

난 반대예요. 지금에야 비로소 '힘 있을 때 더 확실하게 자주 싸울걸.' '제대로 된 싸움꾼의 면모를 보여 줬어야 했는데' 하고 후회하거든요. 겉으로만 강해 보였지 정작 수원 씨 나이에는 마땅히 싸워야 할 때도 혼자 삭이거나 돌아서 울거나 구시렁거리기만 했답니다.

나이 들면 온화해지고 포용력이 생기기도 하지만 밴댕이 속처럼 더 좁고 예민해지기도 해요. 물론 이유 없이 싸움꾼이 탄생하는 것은 아닙니다. 자식들의 무한 투정, 남편의 무심함, 부모님의 답답함, 경우 없는 친구들의 언행을 꾹꾹 참고 누르다 더 이상은 참지 않겠다는 전의를 불사르며 싸움꾼으로 변모하는 것이죠.

게다가 우리는 싸우는 법을 배운 적이 없었잖아요. 아이 때부터 '사이좋게 지내라', '착하게 살아라'라고만 배웠지, 싸움은 어떻게 해야 하는지, 제대로 싸우려면 어떤 기술이 필요한지, 알려 준 사람이 없었어요. 영국이나 프랑스에서는 나와 생각이 다른 상대와 논쟁하는 법을 생활 속에서 익히던데 말이죠.

미술치료사인 정은혜 씨는 《싸움의 기술》이란 책에서 "모든 싸움은 사랑 이야기"라고 단언합니다. 연인이나 부부, 친구처럼 누구보다 가깝고 사랑하는 사이에서 특히 더 많이 싸우는 이유는 이해받고 싶고, 사랑받고 싶고, 나라는 존재를 납득시키고 인정받고 싶어서가 대부분이라는 거죠.

나이가 들면 평소 자기를 보호하기 위해 걸치고 있던 갑옷, 혹은 가면이나 체면을 벗어던지고 싶어집니다. 내가 나약해지면서 덜 이해받고 더 서글픈 존재가 됐다는 생각이 들면서 싸움의 대상을 찾고 분노를 표출해요. 자신이 거칠고 공격적으로 변해가는 것을 알고 스스로에게 더 화가 납니다.

많은 경우 싸움을 두려워해요. 아니 싸움 이전에 우리에게 있는 공격성과 '화'라는 감정을 두려워하죠. 하지만 공격성은 누구를 해치기 쉽기에 저자는 몇 가지 싸움의 기술을 제안합니다. 급소는 피하고, 경멸하지 말고, 개싸움은 피하고, 사람으로 보지 말고, 축지법을 써서 이도 저도 아닌 곳으로 가고 등등….

상대가 누구든 싸울 때 가장 피해야 할 것은 상대의 취약점을 건드리는 것, 경멸 어린 눈빛이나 비아냥입니다. 열등감이나 약점을 자극하면 싸움이 아니라 일방적 가해가 되거든요.

최근에 직장 내 괴롭힘이나 갑질 방지법이 시행되면서 강의 요청이 많이 왔어요. 간부급 남성 상사들은 도대체 뭐가 갑질이고 언어폭력인지 모르니 사례를 알려 달라는 겁니다. 그래서 "자네 머리는 어깨 위 장식품인가? 머리를 좀 쓰라고", "내가 새끼발가락으로 써도 이것보다는 기획안 잘 쓰겠다", "치마야 팬티야? 옷이 왜 그리 짧아?" 등 과거에 아무 생각 없이 하던 꼰대들의 말을 직접 읽어 보게 했더니 좀 놀라더군요.

흔히 나이 든 여성들이 화가 나 싸움을 걸면서 하는 말을 소개해 볼게요.

"너 같은 의지박약은 처음 본다. 계획표는 낙서로 썼니? 앞날이 훤하다, 훤해."

"당신은 사람도 아냐. 짐승도 고마워할 줄은 알아."

"너는 친구라면서 어떻게 그런 말을 퍼뜨리니? 아무리 '이장 집 스피커'가 네 별명이라도 입이 너무 싼 거 아냐?"

"엄마는 왜 그렇게 나한테 요구하는 게 많아요? 해 준 게 뭐 있다고. 지긋지긋해요!"

만약 말투가 이전보다 거칠어진 거라면 지금 수원 씨는 본래의 이성이 아니라 중년기의 들끓는 호르몬 때문에 예민해진 것일 수 있어요. 그러니 너무 자학하거나 싸움꾼으로 늙어갈 걱정은 마세요.

그리고 싸움의 희생양이 된 이들에게도 "미안해, 내가 너무 감정조절이 안 돼서 그랬어"라고 말해 주세요. 갱년기가 면죄부는 될 수 없지만 그렇게 규정을 해 둬야 싸움꾼에서 벗어날 수 있을 거예요. 그래야 여생을 분노 조절 장애로 전쟁터에서 살지 않을 겁니다. 싸우고 나서 엄청나게 카타르시스를 느끼고 몸과 마음이 개운해졌다면 은퇴 선언을 할 필요

는 없겠지만요. 수원 씨가 싸움꾼에서 사랑꾼으로 변신할 것

을 기대해 봅니다.

#급소는건드리지말고 #경멸하지말고 #개싸움은피하기

주위에 비참한 노인들을 종종 봅니다. 가진 게 없어 비루한 생활을 하거나, 돈이 있어도 성정이 괴팍해서 곁에 사람이 없거나, 어떤 이유로든 대우를 못 받는 노인들을 보면 안쓰러워요. 나는 그런 노인이 되고 싶지는 않은데, 당당하고 여유 있는 노후를 보내려면 꼭 필요한 게 무엇일까요?

From_효재

진짜 당당함은
어디서 올까요?

자본주의 사회에서는 돈이 많으면 노후가 편안하겠죠. 돈 때문에 치사한 일, 궂은일 할 필요도 없고 비굴해질 일도 그만큼 없을 테니까요. 당연히 여유로운 시간을 보내며 남에게 베풀기도 잘해서 당당하게 자기주장을 펼칠 수도 있어요. 가난이 얼마나 사람을 비참하게 만드는지는 경험해 보지 않으면 모른답니다.

하지만 돈이 많아도 주변으로부터 "천박하게 군다"는 비웃음을 사거나 "그 많은 돈 죽을 때 갖고 갈 거야? 맨날 얻어먹지만 말고 이제 밥 좀 사"라는 야유를 받는 사람도 있어요. 그런 걸 보면 돈이 꼭 사람을 멋지게 만들거나 마음의 여유를 안겨 주지는 않나 봐요.

나는 젊은 시절보다 지금의 내가 더 마음에 듭니다. 내 생각도 더 잘 표현하게 됐고 정신적으로도 더 평온해졌어요. 든든한 노후 자금이 있어서가 아니라 어떤 상황에서든 적응할 수 있다는 자신감, 나와 다른 사람들을 인정하는 여유로움 덕분 같아요. 노후의 당당함과 여유는 스펙과 재력이 아니라 마음과 정신이 결정한다는 것을 주변 사람들로부터도 배워요. 흩어져 있던 퍼즐 조각들을 찬찬히 맞출 수 있는 능력이 생기는 것 같답니다.

중년기의 내가, 이것저것 너무 많은 음식 앞에서 뭘 골라야 할지 몰라 허둥대던 뷔페식당 같았다면, 오십 이후의 나는 단출한 한두 가지 메뉴로 승부하는 전문식당 같아요. 딱맞는 내 스타일, 내 입맛을 찾은 듯 망설임 없이 메뉴를 선택하고 여유롭게 식사를 즐깁니다. 그래서 나이 드는 것, 늙어가는 것을 서글퍼하거나 억울해하기보다 평화롭게 받아들이게 됐어요.

또, 나이 들면서 내가 중요하게 생각하는 두 가지가 바로 '공감력'과 '둔감력'입니다.

말귀를 못 알아먹거나 남의 말은 안 듣고 자기주장만 펼

치는 이들, 흔히 벽에 대고 이야기하는 느낌을 받는 노인들은 식사 초대를 해도 가고 싶지 않더군요. 물론 내가 주최하는 모임에는 절대 부르지도 않고요.

그런데 "나도 그랬단다. 알지, 그 마음…"이라고 말해 주는 어른, "나도 겪어 봤는데 그 시기만 지나면 터널에서 나온 것처럼 환해진다. 그러니까 너무 두려워하지 마"라고 다독이는 노인들에게는 절로 마음이 열려요. 꽃길만 걸은 게 아니라 자갈밭, 가시밭길도 걸어서 가능한 공감력입니다.

최근에 임신한 삼십 대 여성은 친정엄마보다 시할머니에게 더 의지하게 되더랍니다. 유난히 입덧이 심해 하루에 열 번을 토하며 힘든 임신 기간을 보내는데 친정엄마는 "난 입덧도 전혀 안 하고 먹고 싶은 것도 하나 없었는데 넌 참 유난하네"라고 해서 서운했다고요. 그런데 팔십 대인 시할머니는 "배 속 아이가 효자인가 보다. 입덧은 사람들에게 우리 엄마 좀 위해 주라는 신호거든. 잘 쉬고 먹고 싶은 것 맘껏 골라 먹으렴"이라고 하시며 맛난 것 사 먹으라고 용돈도 주셨대요. 상대의 마음을 잘 읽는 공감력이 그 사람을 귀하게 만드는 거죠.

공감력과 대비되지만 '둔감력'은 정신과 마음의 여유를 보장해 줍니다.

상황 파악을 못 하거나 매사 무신경한 둔감력이 아니에요. 안 좋은 일에는 무디게 반응하고, 타인의 비난에도 의연하고, 뭐든 둥글둥글하게 생각하는 둔감한 성격은 자신은 물론 주위 사람들을 피곤하게 만들지 않죠.

남들의 시선에 연연하는 이들은 항상 예민하게 신경을 곤두세워 당당함과 여유로움을 느낄 수가 없어요. 나도 누가 나에 대해 뒷말을 하건, 나쁜 댓글을 달건 크게 상처받지 않아요. 그리고 나를 무례하게 대해도 그걸 민감하게 받아들이지 않아 별로 속상하지 않죠.

나는 막연히 둔감력이라고 표현했지만, 의학적으로는 '통제력'으로 분류되더군요. 스탠퍼드대학의 심리학자 로라 키스틴슨과 MIT대학 뇌영상 연구실의 존 가브리엘라 팀이 젊은이와 중년의 뇌 편도를 스캔해 본 결과는 우리에게 퍽 희망적인 이야기를 했어요. 부정적인 것에 민감하게 반응하는 기능을 가진 편도가 나이 들면 부정적인 자극에 점점 덜 반응한다는 겁니다. 일상에서도 긍정적인 면을 더 많이 기억한다고 해요. 그러니 나이 들고 늙어 가는 것이 꼭 나쁜 것만도 아니에요.

산전수전 공중전과 시가전까지 겪고 오십 대가 되니 태풍이 휩쓸고 간 들판에 꽃이 핀 것처럼 평화로움이 찾아오더군요. 아무리 아등바등해도 안 되는 건 안 되는 거고, 그 와중에도 웃을 일이 있다는 걸 깨달은 거죠.

난 스스로 들볶지 않고 뭐든 나에게 좋은 것을 생각하고 나쁜 일은 빨리 잊어요. 둔감함과 건망증은 치명적인 약점일 수 있지만, 난 큰 축복이라고 느낍니다. 수시로 물건 둔 곳을 까먹고 주변 사람들 이름이 안 떠올라 당혹스럽지만, 나이가 드니 망각하는 능력도 필요하더라고요. 예민하게 날이 선 강퍅한 늙은이보다 웬만한 일엔 하하호호 웃어넘길 수 있는 귀여운 할머니들이 좋잖아요.

효재 씨, 오스카 와일드는 "자신을 사랑하는 것이야말로 평생 이어지는 로맨스다"라고 말했어요. 자신을 존중하고 남들도 존중해 주는 사람은 뿌리가 단단한 나무처럼 당당하고 누구나 그 아래에서 쉬어가고 싶은 여유를 선물합니다. 효재 씨도 나이가 주는 놀라운 마법을 경험하게 될 겁니다.

#공감력과둔감력 #내공있는전문식당

연애할 때는 공기업에 다니는 남편이 안정적이고 멋져 보였는데 지금은 왜 이렇게 쪼잔하고 답답하게 사는지 모르겠어요. 친구 남편들은 손이 커서 밥도 잘 사고 마누라 선물도 잘한다는데 우리 남편은 밥값 아낀다고 집에 들어와 먹어요. 내 눈에도 별론데 주변에서 어떻게 생각할지 안 봐도 비디오죠. 좀 쿨내 나는 남편으로 환골탈태 안 될까요?

From_설희

롤러코스터와
강 같은 평화

　참 신기하죠? 식성이 바뀌듯 사람을 선택하는 기준도 세월 따라 달라지는 거요. 결혼 전에는 이 제품이 마음에 들고 멋져 보여 선택해 놓고, 이제 와 다른 제품에 있는 기능이 빠졌다면서 한숨을 쉬니까요.

　나는 청년 사업가와 결혼했습니다. 당시엔 남편이 회사의 사장이니 나는 이십 대에도 사모님 소리를 들었죠. 남편은 사업상 접대를 명목으로 항상 고급 술집에서 술을 마시거나 체면치레를 위해 친구들에게 술과 밥을 사 주기 바빴어요. 매일 밤 주류업계를 순례하다 새벽에야 조간신문을 들고 귀가했더랬죠.

돈을 벌어도 사업 확장이나 투자 등에 써야 한다며 결혼 전 내 월급보다도 적은 돈을 생활비로 던져 주었습니다. 주말엔 평일의 피곤을 만회하겠다고 침대나 소파와 일체형이 되어 일어나지도 않아서, 그 흔한 가족 공원 나들이, 쇼핑 등은 꿈도 꾸지 못했어요.

그러곤 사업 자금이 모자란다며 항상 돈 구하러 다니더니 결국 다른 사업을 하다 부도까지 내더군요. 된장찌개 보글보글 끓여 놓고 매일 정확한 시간에 귀가하는 남편에게 "얼른 씻고 와서 밥 먹어요"란 대사 한번 해보는 것이 그때는 소원이었답니다.

다른 사업가 부인들도 애환이 많더군요. 재벌가 사모님들도 많이 만나 봤는데 다들 바쁜 남편 얼굴도 제대로 못 보면서 각종 사교모임에 참석해야 하고, 남들 눈 무서워서 마음껏 치장도 못 한대요. SNS가 발달해 일거수일투족이 다 드러나서, 로고가 눈에 띄는 유명브랜드를 걸쳤다가 괜히 세간에 뭇매 맞을까 봐요. 이제는 회사 경영도 너무나 투명해져서 돈을 많이 번다고 해서 마음대로 쓰지도 못하죠. 법인카드를 사적 용도로 쓰다가는 나중에 감사를 받게 되거든요.

설희 씨. 중년의 부인들에게 그토록 용돈과 선물이 후한 남편들은 꼭 돈이 많아서, 혹은 아내를 너무 사랑해서라기보다 '보상'이나 '보답' 차원일 때가 많습니다. 가난하고 힘든 시절에 어려움을 같이 이겨 낸 조강지처, 젊은 시절에 변변한 선물 하나 못 해 준 것에 대한 미안함과 고마움을 물질로 전하는 것일 수 있어요. 혹은 현재 사업이나 부적절한(?) 이성 관계 등으로 아내를 너무 외롭게 했다는 일말의 가책을 명품이나 보석으로 상쇄하려는 것일 수도 있고요.

미국의 유명 보석 장신구 회사에서 구매자들에게 보석 구매 이유를 조사해 본 결과, 본처의 생일이나 결혼기념일 같은 아내 선물용 구매는 전체의 10%도 안 되었대요. 나머지는 뇌물이나, 계약 등에서 실수를 저지른 후 보내는 용서의 표시, 그리고 아내가 아닌 애인에게 환심을 사려는 목적이 대부분이었습니다. 절대 배 아파 심술로 하는 말이 아니라 확실한 자료입니다.

취재하며 만났거나 강의하며 살펴본 공무원이나 공기업 직원은 조직의 특성상 창의적이거나 자유분방할 수가 없습니다. 공적인 업무를 수행하려면 숫자 하나도 꼼꼼히 살펴봐야 하고, 여전히 조직문화가 딱딱한 편이어서 그 틀에 익숙해지니 답답해 보이기도 할 겁니다.

하지만 롤러코스터 타듯 흥했다 망했다를 반복하고, 정치나 경제 상황에 따라 내일을 알 수 없어 항상 불안 초초한 사업가보다는 강 같은 평화와 안정을 누리지 않나요?

그런 꼼꼼한 성향의 남편에게는 주말에라도 요리를 권해보거나, 퇴직 준비를 위해 공부나 자격증에 도전해 보라고 권하는 것도 좋겠네요. 책임감 강한 남편이니만큼 가족을 위해서라도 성실히 임하실 거라 봅니다.

또, 남편의 선물을 기대하기보다 설희 씨가 따로 돈을 모아 스스로 선물을 사서 주면 되고, 친구들에게도 남편이 아닌 설희 씨가 한턱내면서 본인 위상을 높이는 게 더 멋있지 않을까요?

왕년의 청년사업가 내 남편은 지금 백수라서 칼퇴근을 할 수도 없지만, 칼기상 하나만큼은 기가 막힙니다. 매일 아침 제시간에 딱딱 일어나 당당히 아침밥을 요구하죠. 그래도 새로운 사업을 구상하지 않은 것만으로도 감사해 갓 지은 뜨거운 밥을 먹인답니다.

나라면 화끈하지만 불안한 선물보다 쪼잔할지언정 흔들림 없는 안정을 택하겠습니다. 설희 씨, 직업이나 직종만으

로 사람의 성품을 알 수 없고, 선물만으로 남편의 사랑을 확
인할 일은 아니니 친구 남편들을 너무 부러워하지 마세요.
저는 설희 씨가 부럽답니다.

#나랑바꿀래요?

늦지 않게 결혼한 친구들은 애 다 키워 놓고 여유롭게 놀러 다니는데, 저만 아직도 초등학생 아이들 뒷바라지를 하고 있어요. 체력도 예전 같지 않아서 아이들 밥 챙겨 주고 픽업하는 것만도 지치네요. 친구들이 여행 다니자고 하는데 현실적으로 그럴 수 없는 저는 늘 혼자 다른 시간을 사는 것처럼 동떨어져 있어요. 피할 수 없으니 현명하게 받아들일 수 있는 조언 부탁드립니다.

From_주향

얻은 것과
잃은 것

어느 일에나 양면이 있죠. 자녀를 일찍 낳으면 육아와 양육의 의무에서 빨리 벗어나지만, 너무 어릴 때 부모가 되어 미숙하고 시행착오도 많이 겪습니다. 늦게 출산한 이들은 조금은 덜 허둥거리지만, 주향 씨처럼 나이 들어서 육아에 발이 묶이기도 하죠.

그래도 좋은 면만 봅시다. 늦게 결혼했으니 그만큼 친구들보다 싱글의 자유, 청춘의 여유를 더 누렸을 거예요. 친구들이 모유 수유와 기저귀 가방에 치이고 젖 냄새 반찬 냄새가 밴 옷차림으로 동네 카페 나들이조차 어려울 때 주향 씨는 백화점에서 신상도 사고, 화려한 나이트 생활을 즐겨 친구들의 부러움을 받지는 않으셨는지요.

나도 일찍 결혼한 것은 아니지만 딸을 낳고 모유 수유를 하던 시절, 전 직장 동료가 새로 옮긴 직장에 방문한 적이 있었습니다. 당시 전업주부였던 나는 산모용 브래지어에 혹시라도 젖이 흐를까 휴지를 접어 넣은 아줌마 차림이었는데 친구 사무실의 문을 연 순간 곧바로 돌아서 나오고 싶었답니다. 실내장식이 세련된 사무실에서 미혼인 친구는 당시엔 몹시 드물었던 개인용 컴퓨터를 두드리며 어깨에 걸친 전화기로 누군가와 통화 중이었어요.

드라마 속 완벽한 커리어우먼의 모습인 친구 앞에서 난 서울 사는 친구를 찾아온 시골 쥐처럼 한없이 초라하고 촌스럽게 느껴졌죠. 그래서 평소 남과 비교하거나 질투하는 일이 별로 없는 성격인데도 급한 일이 있다는 핑계로 서둘러 나와 버렸습니다.

내 모든 것을 줘도 아깝지 않을 사랑스러운 딸에게 젖을 물리면서도 "괜히 너를 일찍 낳았나 보다, 엄마도 잘나가던 기자였는데….”라는 혼잣말이 나오더군요. 물론 친구의 그 모습에 자극을 받아 다시 신문사에서 일할 용기를 냈습니다. 그 친구는 싱글의 자유를 충분히 만끽하고 결혼했는데 지금은 고즈넉하고 조용한 삶을 누리고 있어요.

물론 아무리 건강이나 체력 관리를 잘해도 중년에 육아와의 전쟁을 치르면 지치고 피곤할 겁니다. 야단치고 싶어도 목소리가 안 나온다는 엄마도 있더군요. 아이 친구 엄마인 어린 학부모들과 여러모로 비교되기도 하고요.

하지만 주변을 보면 나이 들어 낳은 아이는 첫째이건 막내이건 상관없이 귀엽고 사랑스럽다고 해요. 특히 막내를 늦게 본 늦둥이 부모들은 "이 아이를 안 낳았으면 어쩔 뻔했나 몰라"라며 뒤늦게 찾아온 육아의 기쁨을 톡톡히 누린답니다.

엄마의 나이는 아이의 나이와 같답니다. 아이가 유치원생이면 엄마도 유치원생, 아이가 대학생이면 엄마도 대학생, 그리고 취직하면 다시 직장인 마인드가 되더군요. 아이와 함께 성장하는 거죠.

그리고 아이가 어린 경우 친구들에 비해 젊은 감각을 유지할 수 있다는 장점도 있답니다. 친구들은 이미 다 잊어버린 초등학교 교과서, 동요나 책 등을 통해 주향 씨도 동심을 찾아보세요. 나이 들어서 억지로 하는 뒷바라지가 아니라, 아이로부터 얻는 기쁨에 더 집중하면 지금이 몹시 소중할 겁니다. 그러니 다시 돌아오지 않을 시간들, 정작 아이들은 기억하지도 못할 순간들을 눈과 마음에 담아 두세요. 늦게 결혼한 엄마에게 축복처럼 찾아와 준 아이들에게 감사하면서요.

피곤하면 영양제도 복용하고 운동도 하고 마사지도 받으세요. 엄마는 나이도 들고 체력이 약한 사람이라고 아이들에게 설명해서 아이들이 할 수 있는 일은 스스로 하도록 자립심도 길러 주세요. 남편에게도 육아 분담을 주장하고요.

친구들이 지금 누리는 여유를 주향 씨도 곧 누리게 됩니다. 친구들에게 정기적으로 전화나 문자도 하고 가끔 식사 모임이라도 하면 주향 씨가 여유가 생길 때를 기다렸다가 같이 여행도 가고 취미 활동도 할 겁니다.

그땐 아마 친구들이 놀다가 지칠 수도 있지만, 주향 씨에게는 아이 친구 엄마들, 어린 동생들이 있잖아요. 곧 아이들이 사춘기가 되어 엄마를 무시하거나 괴물로 변하기 전에 부지런히 아이들의 귀여움만 골라 기억창고에 저장해 두세요.

#눈깜짝할새자라어른이된답니다

엄마의 나이는 아이의 나이와 같답니다.
아이가 유치원생이면 엄마도 유치원생,
아이가 대학생이면 엄마도 대학생,
그리고 취직하면 다시 직장인 마인드가 되더군요.
아이와 함께 성장하는 거죠.

6장

명랑한 노년의
조건들

왜 중년일까요. 중년이 되어서야
인생이 내 마음대로 되지 않는다는 것을 받아들이고,
포기할 것은 빨리 포기하고, 다른 의견도 수용하는 유연성이 생기고,
아무것도 영원한 것은 없다는 것을 알게 되거든요.
남들에게 잘 보이려고 꾸민 내가 아닌
진짜 나의 성격과 가치관이 드러나는 시기랍니다.
그래서 무엇에 더 비중을 두어야 하는지,
왜 자신을 더 존중하고 아껴야 하는지를 알고 실천하게 되지요.

사십을 넘기면서 더 이상 젊지 않다는 사실이 허무했습니다. 지금은 어느 정도 마음이 편해졌지만 늙는 게 여전히 두렵고 어느 땐 서럽기도 해요. 겨우 인생을 절반 살았을 뿐인데 앞날을 긍정하고 싶습니다. 노년의 행복을 좌우하는 것은 무엇일까요.

From_혜경

언제나 마땅한 기쁨을 누리세요

행복은 상황이 아니라 우리가 마음먹기 나름이더군요. 오십이 넘어서야 그걸 알게 되었어요.

여전히 우리 사회나 매스컴에선 노인은 처량하고 불행하고 궁상맞거나 심술궂다는 편견이 팽배하죠. 그러나 노년은 더 이상 병약하고 슬픔에 시달리는 시기가 아니랍니다. 실제 72개국에서 진행된 조사에서는 가장 행복한 나이로 82세를 꼽았어요. 그 조사 결과를 보고 어찌나 안심이 되던지요. 제일 근사한 선물이 아직도 나를 기다린다니 무조건 82세까지는 살아 봐야겠다고 다짐했죠.

중년에 불행감이 큰 이유는 대부분의 사람 행복도가 U자곡선을 그리는데 중년기가 가장 바닥을 치는 시기이기 때문입니다. 갖가지 책임과 걱정으로 몸과 마음이 무거우니 바닥에 가라앉은 거죠.

나는 유난히 노년과 죽음에 관심이 많아 키케로의《노년에 대하여》, 시몬 드 보부아르의《노년》을 비롯해 하버드대학 졸업생을 70여 년간 역학 조사한《행복의 조건》, 소노 아야코의《나는 이렇게 나이 들고 싶다》등 노년을 다룬 책과 자료를 부지런히 읽었어요. 대부분의 학자가 노년의 행복은 '중년기의 태도와 인간관계'가 좌우한다고 결론을 내립니다.

왜 중년일까요. 중년이 되어서야 인생이 내 마음대로 되지 않는다는 것을 받아들이고, 포기할 것은 빨리 포기하고, 다른 의견도 수용하는 유연성이 생기고, 아무것도 영원한 것은 없다는 것을 알게 되거든요. 남들에게 잘 보이려고 꾸민 내가 아닌 진짜 나의 성격과 가치관이 드러나는 시기랍니다. 그래서 무엇에 더 비중을 두어야 하는지, 왜 자신을 더 존중하고 아껴야 하는지를 알고 실천하게 되지요.

또, 내 생각에 가장 중요한 것은 노년의 상황보다 감수성, 즉 행복과 기쁨을 기꺼이 받아들이는 마음이라고 생각해요.

항상 온화한 표정을 짓는 노인과 늘 찡그리고 투덜거리는 노인의 차이는 꼭 경제력이나 건강 상태, 가족관계 등에 있는 게 아니었어요. 온화한 이들에겐 어떤 일이 일어나든 그걸 긍정적으로 해석하고 그 가운데 행복이나 기쁨을 찾는 능력, 그리고 그걸 감사하게 받아들이는 힘이 있었어요.

내 친구는 부유하고 인텔리인 친정엄마보다 초등학교 학력에 서민층인 시어머니가 더 행복한 것 같다고 하더군요. 3남매가 모두 잘 자라 효도를 하는 편인데도 친정엄마는 "누가 무거운 모피코트를 사달랬니, 난 가벼운 캐시미어가 좋은데", "넌 전화를 왜 자주 안 하니, 그러다 내가 갑자기 죽어도 모르겠다", "이 식당은 값만 비싸지 음식 맛은 별로네." 등 항상 불평불만이 가득해서 만나면 짜증이 난대요.

반면에 시어머니는 스웨터만 사 드려도 "멋쟁이 며느리 덕분에 내가 친구들한테 부러움을 산다, 고맙다." 말하고 시골집 마당에 핀 꽃을 보고도 "이렇게 꽃밭에서 사니 천국이 따로 없다"며 즐거워하신답니다. 그래서 뭐라도 더 해드리고 싶고, 그분의 긍정 에너지를 나누고 싶다더군요.

사소한 일에도 금방 행복해지는 것은 타고난 성격이기도 하지만 운동을 통해 근육을 만드는 것처럼 훈련으로도 충분히 기를 수 있는 능력입니다. 160 정도의 작은 키에 사시, 말도 어눌했던 실존주의 철학가 사르트르는 죽기 전까지 수많은 이들이 그를 따랐습니다. 그는 습관처럼 행복해했거든요. 늘 주변 사람들에게 웃음을 주고 잘 베풀었습니다.

혜경 씨, 난 육십이 되었을 때 과거 삶에서 뭐가 제일 후회되는가를 곰곰 생각해봤어요. 처녀 시절 열렬한 연애를 못해본 것, 석사 박사 등 학위를 따지 않은 것, 압구정이나 대치동 아파트를 사지 않은 것이 아니라(안 산 게 아니라 못 산 거지만) 일상에서 기쁨을 흠뻑 느끼고 누리지 않은 것이었어요. 꽃밭에 서 있었는데도 사막처럼 삭막했고 영광의 순간에도 겸손한 척하느라 기쁨을 맘껏 누리지 못했답니다.

그러니 혜경 씨는 지금 당장 기쁨 채집을 시작하세요. 파란 하늘에 뜬 구름을 보거나 갓 구운 빵 냄새를 맡을 때, 커피 한 잔에도 감탄사를 연발하고 작은 일에, 남들의 호의에 감사하세요. 그렇게 자신을 기쁨으로 물들여 기쁨에 민감해지는 것이 노후의 행복을 보장한다고 확신합니다. 혼자만 기뻐하는 것이 아니라 그 기쁨을 나누면 주변도 풍성해지죠. 건강이 좀 안 좋아도, 돈이 좀 부족해도, 자식이 서운하게 해도 그것에 연연하지 않고 언제 어느 상황에서도 자신의 처지나 상황을 받아들이면 불행에 둔감해집니다. 그게 행복이죠.

혜경 씨, 언제 어디서나 마땅히 기쁨을 누리는 연습을 하세요. 그게 확실한 노후 준비랍니다.

#매일의기쁨채집 #그게진짜노후준비

어느새 옛날 사람이란 소리를 듣고 있어요. 요즘엔 여행도 쇼핑도 인터넷으로 결제하잖아요. 나는 햄버거 하나 주문하는 것도 스크린 터치 방식이라 쉽지 않고, 인터넷 뱅킹은 딸아이에게 물어물어 배웠는데도 돌아서면 또 까먹어요. 남들은 하다 보면 쉽다는데 나는 기계 앞에만 서면 작아져요. 빠르고 간편한 것만 추구하는 세상에서 홀로 구한말 사람으로 사는 것 같습니다.

From_경희

억지로 말고
즐겁게

나도 아직 아날로그형 인간임을 고백합니다. 운전면허를 비롯해 자격증이 하나도 없고, 기계를 다루는 일에 거부감이 커서 텔레비전 리모컨도 켜고 끄기, 볼륨 조절, 채널 돌리기 같은 아주 간단한 기능만 압니다. 만약 신문기자가 아니었다면 지금도 노트북이 아닌 원고지에 글을 쓰고 휴대전화도 안 쓰는 고전적이고 단순한 삶을 유지했을 겁니다. 아주 심심하고 단조로운 삶이겠지만요.

기자는 기사만 쓰면 되어서 엑셀 같은 다른 기능을 활용해본 적도 없고, 뭔가 프로그램을 깔아야 할 때 후배들에게 가련한 표정으로 요구하면 곧잘 도와줘서 크게 불편을 못 느껐죠. 가족끼리 해외여행을 갈 때도 저는 비용만 댔지 딸이 모든 예약을 도맡고 구글맵으로 길도 찾아 주어서 저는 따라 다니기만 하면 됐어요. 내 팔자가 편하다고 착각하면서요.

그런데 딸과 프랑스 여행을 하다 딸이 먼저 서울로 가고 혼자 마르세유 근처의 친구 집에 가야 할 일이 있었어요. 택시 잡아서 역에 가 기차 시간을 확인하고 자리를 찾는 아주 단순한 일조차 힘들더군요. 그동안 주변에 민폐를 끼치면서 스스로를 바보로 만들어왔다는 걸 알았죠. 이제라도 나이에 위축되지 말고 새로운 세상에 뛰어들어야겠다고 생각했습니다. 하지만 억지로, 할 수 없이 스마트시스템을 익히려고 하니 잘 안 되더군요. 절실히 필요를 느끼고 즐거움과 기쁨을 동반해야 목표를 이룰 수 있더라고요.

이젠 모든 세상이 손바닥, 즉 스마트폰으로 들어왔습니다. 은행 업무도, 쇼핑도, 뉴스 검색도 심지어 교육과 영화 같은 문화 활동의 기회, 갖가지 사회 활동이 모두 그 안에 있죠. 스마트폰에 연결된 CCTV로 집에 있는 아이와 반려견의 모습도 살필 수 있으니 이를 거부한다는 건 원시인으로 회귀한다는 의미일지도 모르겠네요. 문명과 담을 쌓은듯한 아마존 밀림에서도 스마트폰과 아이패드가 활용되고, 중국의 어느 거지는 휴대전화로 구걸을 한다니 말 다 했죠.

손가락과 뇌를 자주 활용해야 치매 예방에 좋다며 딸애가 아주 쉬운 휴대전화 게임을 권했어요. 승부욕이 별로 없는 성격인데도 레벨업의 쾌감이 너무 커서 밤늦도록 게임을 하고 지인들에게 하트를 구걸하다 어느 땐 돈 내고 아이템을 사기도 했답니다. 겨우 끊었지만 정말 신세계더군요.

스마트폰의 다른 기능들을 하나하나 둘러보다 이제는 종이 수첩 대신 메모장을 활용하고 있어요. 넷플릭스나 왓챠 등도 가입해서 다큐멘터리 영화를 보고, 다음 스토리에 한국 동학 전쟁에 관한 영화를 만드는 친한파 일본인 감독의 제작비 모집을 돕는 글을 올리기도 했죠.

이젠 인터넷에서 멋 내기도 배웁니다. 유튜브나 포털의 스타일 코너에서 패션 트렌드를 살피고 옷 잘 입는 사람들의 스타일링에 감탄하며 살짝 응용해 봐요. 결국 나이 들수록 단순하고 자연스럽게 입어야 한다는 걸 깨닫고(?) 요즘은 정장 재킷을 즐겨 입게 됐죠. 기자 시절엔 그날 기분에 따라 난해한 색상에 요란한 액세서리를 한 적도 많았어요. 정말 지워버리고 싶은 기억입니다만 그런 면에서 이젠 확실히 덜 부끄럽게 되었죠. 물론 내 생각이지만.

20여 년 지속해온 돌밥 모임이 있어요. 한 달에 한 번 돌아가면서 밥을 사서 돌밥인데 기자, 교수, 홍보전문가 등 아줌마 네 명이 멤버예요. 이 모임이 꾸준히 유지되는 비결은 멤버 모두 먹는 걸 사랑한다는 공통점 외에 매달 가장 핫하다는 식당을 찾아가기 때문이에요. 맛있다고 소문난 곳, 인테리어가 근사한 곳을 찾아다니는 재미가 크거든요. 음식만 먹는 것이 아니라 직장생활에 필요한 지혜나 살림 정보 등을 나누면서 서로 성장한다는 뿌듯함도 큽니다. 유기농 식품 구매하는 곳, 분리수거 제대로 하기 등 착한 시민 생활법도 함께 고민해요.

도전은 항상 두렵습니다. 새로운 세상은 낯설고, 따라잡아야 한다는 강박은 피곤하죠. 나의 무능과 무지에 자존감이 바닥까지 내려갈 때도 많았어요. 모르면 가족이나 후배들에게 귀여운 태도로 물어보고 문화센터 같은 곳에서 공부하는 것도 좋습니다.

일본에 사는 90세 할머니는 최고령 인터넷 게임 유튜버로 기네스북에 올랐대요. 게임을 하고 나서 인생이 더 재밌어지고 쓸데없는 생각이 사라졌다면서 노년의 지인들에게 게임을 해보라고 권하고 있답니다. 팔십 대인 내 숙모도 메일에

동영상과 함께 '즐감'이란 글을 덧붙여서 보내시는 분이고요. 스마트기기 활용에 익숙해지면 확실히 여가 생활에 스마트한 날개가 돋는 것 같아요.

요즘 나는 스마트폰의 펜 기능을 활용해 그림을 그립니다. 칠십 대가 되면 그림 전시회를 열거나 할머니의 애환을 담은 웹툰 작가가 될지도 모르겠어요.

경희 씨, 놀이공원에 가는 마음으로 스마트 세상을 즐겨 보세요. 뒤처졌다 생각 말고, 구름다리 위를 걷듯 천천히 걸어가도 됩니다.

#누구나컴맹으로시작해요 #하다보면는답니다

남편과 남편 형제들은 경제 활동을 하지 않고 시부모의 원조로 생활하는 걸 당연하게 생각합니다. 지금은 유산을 놓고 신경전을 벌이고 있고요. 그동안 받은 재산도 적지 않으니 더 이상의 유산은 포기하고 맘 편히 살자고 했더니 남편은 제게 현실감각이 없다고 나무라더군요. 저는 오십 대에 이렇게 돈 문제로 갈등하는 게 속물 같아서 너무 힘든데, 남편을 설득할 방법이 없을까요?

From_형주

노후에 경제력은
중요합니다

무엇보다 형주 씨의 고매한 정신세계가 부럽습니다. 돈이라면 부모 형제도 없고 단돈 몇십만 원에 살인도 마다치 않는 비정한 물질 만능 사회에서 이렇게 가족애와 올바른 가치관을 갖고 있으니 박수를 보내고 싶어요. 또 오십 대인 자식들에게 여전히 나눠 줄 유산을 소유한 시부모님의 재력도 진심 부럽네요.

나도 비슷한 경험이 있어요. 남편 사업이 부도나서 무일푼이 되었을 때, 시어머님이 돌아가신 후 집과 땅을 팔아 시아버지 재산이 많아졌을 때, 나는 착하지도 청빈하지도 않은 성격임에도 불구하고 그 돈은 부모님의 돈일 뿐 우리 돈이 아니며, 팔십이 되어 가는 부모님께 돈을 달라고 하는 것은 부끄러운 일이란 생각을 했습니다. 그 전에 남편이 사업하느라 시부모님 돈을 많이 쓰기도 했고요. 그래서 그냥 내 직장 생활에 충실했죠.

그런데 한 친구가 "너 그렇게 죽도록 일해서 한 달에 알량한 월급 몇백 버느니 차라리 휴가를 내거나 휴직을 해서라도 시댁에 찾아가서 떼를 쓰고 드러누워"라고 조언을 하더군요. 그때는 그 말이 참 한심하게 들렸더랬죠. 그러나 지금은 후회합니다. 우는 애에게 떡을 주시더라고요. 체면이고 뭐고 나도 그때 울었어야 했는데….

물론 그때 돈에 연연하지 않고 내 직업에 충실한 덕에 신문기자로서 정년퇴직했고, 양가의 유산 없이도 내가 번 돈으로 집도 마련했어요. 내 딸에게 성실하고 부지런한 사람이라는 인정도 받고 있죠. 그런 점에서 스스로가 장하고 떳떳하면서도 가끔은 시부모님에게 더 우는소리를 하거나 애교를 떨었다면 지금쯤 건물주가 돼 있을지 모른다는 생각도 한답니다. 매우 속물적인 생각이긴 하지만, 그랬다면 홀로 고군분투하느라 힘들었던 그 시절을 조금은 더 수월히 지날 수 있지 않았을까 그런 회한도 들어요. 친정 오빠들에게 꿔 준

돈을 아직 못 받았는데, '하늘에 계신 엄마라도 당연히 줬을 거야'라며 내 머리를 쓰다듬으면서도, 여전히 한편으론 돈 생각에 속이 쓰리답니다.

형주 씨 시댁의 경우 형제자매들이 너무 부모 재산에 의존해서 제대로 경제 활동을 하지 않는다니 득이 아니라 독일 수 있겠어요. 가장 잘 이해하고 포용해 줘야 하는 형제들이 우애도 없이 제일 치사한 돈 싸움을 한다니 아이들 보기도 부끄러울 거고요.

그런데 형주 씨 혼자만의 바른 생각으로는 해결되지 않을 문제 같아요. 황금만능주의 속에서 교육받은 이들에게 이제 와 정신 차리고 각자의 생업을 찾으라고 한다고 갑자기 바뀔까요? 남편이 그토록 돈에 연연하고 현실감각(?)이 있다니 시댁 문제는 남편에게 맡기는 게 나을 듯합니다.

형제 갈등이나 분쟁은 남편의 몫이니 남편의 자본주의를 경멸하거나 나무라지 말아요. 그리고 남편의 돈이건 부모의 유산이건 그 돈으로 형주 씨의 고결한 정신세계를 더 가꾸어 줄 다양한 일을 하는 건 어떨까요. 곳곳에 기부도 하고 취향에 맞는 취미 활동도 하고요. 종교가 있다면 시댁의 평화를 위해 기도도 필요하겠군요.

시댁 문제와 거리를 두고 잊어 보세요. 매달 내야 할 금융 이자, 끝없이 들어가는 아이들 사교육비, 영혼을 끌어모아도 사기 어려운 집 때문에 한숨 쉬는 이들에게는 형주 씨의 고민이 부럽다 못해 배부른 소리로 들릴 수 있을 겁니다.

독설가이기도 했던 영국의 작가 오스카 와일드의 말을 소개할게요. "젊었을 때는 돈이 인생에서 가장 중요한 것인 줄 알았다. 나이를 먹고 나니 그 말이 사실이었음을 알게 됐다." 재밌죠? 아마도 형주 씨의 남편은 가족들이 나이 들어서 덜 고생하기를, 자식들이 돈 때문에 원하는 꿈을 포기하지 않기를 바라서 그런 말을 하는 건지도 몰라요. 아니라도 그렇게 믿으세요. 다만 자식들 보기 흉하니 돈 때문에 형제들과 원수 되지는 말라는 조언은 남편이 기분 좋을 때 슬쩍 말해 보고요. 시댁 우애보다 더 중요한 것은 형주 씨 부부의 관계랍니다. 속물인 난 여전히 형주 씨의 시댁 재산이 부럽습니다.

#배부른소리

가족들이 나이 들어서 덜 고생하기를,
자식들이 돈 때문에 원하는 꿈을 포기하지 않기를 바라서
남편이 그런 말을 하는 건지도 몰라요.

사십 대를 지나면서 몸이 예전 같지 않다는 걸 실감합니다. 아이들이 제법 커서 이젠 몸도 덜 고생스럽고 회사 업무량도 줄었는데 말이죠. 벌써부터 이런데 더 나이 들면 어쩌나 걱정이 들어요. 어떻게 관리하면 좋을까요?

From_희수

삶의 속도를
안단테로

가전제품도 몇 년 쓰면 고장 나고 가구도 오래되면 낡아가는데 인간도 마찬가지죠. 여기저기 고장 나고 몸 곳곳에서 아우성이 들리는 게 "하루하루가 다르다"란 말이 절로 나와요. 일로든 노는 거든 예전엔 며칠 밤 지새워도 좀 쉬면 거뜬했는데 이제는 하룻밤 잠을 못 자면 이틀 정도 여진이 남더군요. "안 드신 날과 드신 날의 차이를 비교해 보세요"란 건강보조제의 광고 문구가 얼마나 실감 나는지 몰라요.

나이 들면 열정이 줄어드는 것이 아니라 체력이 줄어들기 때문에 너무 많은 일을 젊은 시절 기준으로 하면 안 된다고 의학 전문가들이 조언합니다. 나도 육십 대 초반이지만 활발히 사회생활을 하고 있고 하이힐을 신고 다녀도 아직 관절염 증세는 없어요. 딸의 말에 따르면 삼십 대인 자기보다 내가 더 바쁘고, 더 많은 사람을 만나고, 책이나 영화를 더 많이 본답니다. 그렇다고 청년들 같은 무리한 일정을 소화하거나 무조건 파이팅을 하지는 않아요. 정신력으로 승부할 나이가 아님을 알죠. 남아 있는 시간이 짧다고 서둘러 달려가다 넘어지는 어리석은 일은 안 하려고 합니다.

세계적인 피아니스트 루빈스타인은 나이를 먹으면서 새로운 기교를 채택했답니다. 때때로 어려운 악절에 들어가면 절대 속도를 늦춰서 노화로 인한 속도의 감퇴를 자연스럽게 감췄죠. 그게 더 대비되어 인상적인 연주로 만들었다는 찬사를 받았습니다. 체력의 약화가 꼭 약점만은 아니란 걸 보여주는 일화지요.

나 역시 줄어든 근육량과 에너지를 인정하고 삶의 속도를 '안단테'로 바꾸려고 해요. 악보에서 걸어가듯이, 적당히 느리게 연주하란 뜻의 안단테를 유지하다 천천히 매우 느리게인 '아다지오'로 넘어가는 것이 우리 삶의 마무리인 노화의 과정이겠죠.

물론 예외도 있어요. 척추협착증으로 제대로 안고 걷기도 힘들던 분이 근육운동을 통해 삼사십 대의 건강을 찾거나, 매일 산책과 등산을 하는 칠십 대 할머니가 다람쥐처럼 산을 오르내리기도 합니다. 90세에도 여전히 밭일하는 노인들도 있고요. 많은 장수 노인들을 인터뷰해 보니 육십 대에는 급격한 체력의 저하나 노화를 실감하지 못했다고 하더군요. 체력적으로 뚝 하강하는 것을 의식하게 되는 시점은 칠십 대 중반부터라는 분들이 많았어요.

육십이 넘었다고 살얼음 걷듯 조심조심 살 이유도 없습니다. '난 늙었어. 체력도 부족하니 무리하거나 까불면 큰일 나'라고 스스로 뒷방 늙은이 취급하는 것은 자신을 너무 불쌍한 존재로 만드는 거예요. 한 친구는 친구들이 만나자고 하면 "나 시내까진 피곤해서 못 나가. 갈비탕 하나 먹으려고 뭐하러 몇 시간을 허비하니" 등의 말을 해서 이젠 모임에 부르지 않아요. 그 짜증과 피곤함을 나누고 싶지 않아서요.

육십이 넘으니 내가 꼭 주인공을 할 필요가 없다는 생각도 듭니다(주역을 맡아 본 기억도 없지만요). 외워야 할 대사도 많고 출연 장면도 많은 주인공보다는 한 장면이라도 감동을 주는 씬 스틸러 조연으로 만족하고 싶어요. 출연료야 적겠지만 주인공보다 필요경비도 적으니 효율적이지 않나요? 굳이 운동장을 종횡무진 누비는 스타 플레이어가 아니어도 경기를 잘 관찰한 후 휘슬을 부는 심판이나 감독 역할도 근사하죠.

체력은 줄지만 재미나 즐거움을 느끼는 감정은 줄지 않아요. 젊은 아이돌 팬들보다 오륙십 대가 대부분인 〈미스터트롯〉 팬들의 덕질이 더 열정적이라잖아요. 럭셔리 여행의 주 고객도 육십 대더군요. 학원으로 치면 종합반이 아니라 내가 정말 좋아하고 잘하는 단과반만 등록해 다니면 체력이 부족해도 지치지 않을 것 같습니다.

희수 씨, 지금부터 노인이 되어서도 버틸 근육이며 체력을 많이 많이 키워 두세요. 그리고 많이 자주 웃으세요. 나이들면 웃음이 큰 배터리 역할을 한답니다. 체력이 고갈되어도 다시 일으켜 세워 주는 만능 배터리요. 웃으면 입꼬리가 올라가 저절로 미용성형 효과도 얻는답니다.

#영웅이하고싶은거다해

육십이 넘으니 내가 꼭 주인공을 할 필요가 없다는 생각도 듭니다
외워야 할 대사도 많고 출연 장면도 많은 주인공보다는
한 장면이라도 감동을 주는 씬 스틸러 조연으로 만족하고 싶어요.

이제 사회생활도 몇 년 안 남은 것 같아요. 상사를 보니 그 끝이 어렵지 않게 보이는데 노후를 위해 모아 둔 돈도 별로 없네요. 100세 인생을 위해 지금부터 뭘 준비해야 할까요?

From_지민

노후에
진짜 중요한 것들

직장생활은 정년이면 끝이 나지만 사회생활은 우리가 살아있는 동안 지속됩니다. 100세까지 길게 오래 사는 것보다 얼마나 풍성하게 사느냐가 중요하지 않을까요? 나이 들었다고 식은 밥 억지로 먹듯 꾸역꾸역 살 게 아니라 매 순간 달콤 쌉싸름한 맛들을 음미하며 살아야죠.

많은 어르신을 만나고 인터뷰한 결과, 100세까지 지탱하는 저력을 건강·일·가족·친구로 꼽더군요. 정말 단순하고 상식적이면서도 제일 뜻대로 안 되는 것들이기도 합니다.

2년 전 무릎 수술을 받은 이해인 수녀는 "무릎이 아파 보니 뼈가 얼마나 중요한지 알았다"라면서 젊을 때부터 연골은 물론 건강을 신경 써야 한다고 강조했습니다. 똑바로 걷지 못하면 세상이 우울하고 회색빛으로 변해요. 여행은커녕 일도 하기 힘들죠. 후배 기자는 다리 골절상으로 한 달이나 입원했는데 그동안 머리로 산 줄 알았는데 다리 덕분에 살아왔다는 걸 깨달았다고 하더군요.

중년에게 운동은 중요하지만 절대 무리한 건 피하세요. 멋지게 마무리하겠다며 온몸을 불사르듯 일하지도 마세요. 완벽주의자인 내 친구는 너무 치열하게 일하다 골병들어서 정년을 못 채우고 그만두었어요. 일을 대충하란 말이 아닙니다. 지민 씨 나이면 '일머리'가 있을 테니 지혜롭고 현명하게 일해서 몸을 우선으로 보살피란 뜻이에요.

다음은 일입니다. 100세가 넘어서도 집필과 강의로 바쁜 김형석 연세대 명예교수, 구십 대 중반에도 현역인 패션디자이너 노라 노 선생은 자신들의 장수비결을 '꾸준히 일하는 덕분'이라고 했어요.

정년퇴직 후, 직장은 없어도 직업이나 일은 찾을 수 있습니다. 회사를 나오자마자 새로운 일이 나타날 리는 없죠. '은퇴하면 시골 가서 농사지어야지', '어릴 때 꿈인 그림을 그려야지'라며 꿈만 꾸지 말고, 평소 베란다에 화분이라도 키워 보고 주말에 화실에 가서 붓을 잡아야 자연스럽게 이어집니다.

요즘은 주 52시간 근무제이니 맘만 먹으면 얼마든지 저녁에 학원을 다니는 등 미래 준비에 투자할 수 있을 거예요. 나도 신문기자 시절에 책도 쓰고 강의도 하고 방송 출연도 해서 꾸준히 브랜딩을 한 덕분에(본업에만 충실한 동료들에게 딴 짓한다고 욕을 먹긴 했지만) 정년퇴직 이후에도 바쁘게 살고 돈도 번답니다.

홍보마케팅 회사를 운영했던 이정현 씨는 회사를 정리한 후에 이웃, 친구들과 취미 활동 겸 봉사하는 공간을 마련했어요. 자신들이 만든 수예품도 팔고 각계에서 모은 상품으로 바자회를 열어 그 수익을 시설에 기부합니다. 자신이 하고 싶은 일을 하며 보람도 느끼고 돈도 벌 수 있는 일이 무엇일지 지금부터 찾아보세요.

또 미래에는 어떤 일이건 디지털 능력을 갖추지 않으면 안 되겠더군요. 중장년층 대상의 미스터트롯 콘서트 티켓도 온라인으로만 예매하는 시대잖아요. 특히 코로나 시국이 안정되어도 지속될 언택트 시대엔 더더욱 디지털 능력이 필수가 됩니다. 무료한 시간에 넷플릭스, 유튜브 등을 감상하려고 해도, 건강정보를 얻으려 해도, 심지어 당근마켓에 물건을 사고팔려고 해도 디지털에 접속해야 가능하죠. 농부들도, 전통시장 상인들도 이제는 온라인 마켓을 통해 상품을 홍보하고 판매합니다. 굳이 종이책을 펴내지 않아도 포털 사이트에 올린 글로 작가가 되어 수입을 올릴 수도 있고요.

친구들도 노후의 큰 활력소입니다. 만나서 웃고 떠들고 맛집도 가고 서로 다독여 줄 친구들 말입니다. 얼마 전 여고 동창 모임에서 "우리 정기검진 등 병원 갈 때 서로 같이 가 주자, 딸이나 며느리에게 치사하게 부탁하지 말고"란 이야기를 나눴어요. 그 말 한마디에 마음이 참 편해지더군요.

물론 친구 관계를 유지하려면 먼저 전화나 문자도 보내고 커피 한잔이라도 사거나 수시로 고마움을 표할 줄 알아야합니다. 작가 김영하 씨는 젊은 시절 친구들과 술자리를 하거나 변덕스러운 친구들의 성향에 맞춰 주느라 시간을 허비한 것 같아 후회한다더군요. 그 시간에 책을 읽거나 영혼을 더 풍요롭게 만드는 게 중요했다면서요. 작가인 그의 의견도 존중합니다만 여성들에게는 노후에 친구가 꼭 필요하다고 생각해요. 사교적인 사람들이 건강하게 장수한다는 조사는 너무나 많습니다.

지민 씨, 나는 마당에 나무를 몇 그루 키웁니다. 대부분의 과실수는 심은 후 5~7년 정도 지나야 열매가 열리더군요. 지금부터 물도 주고 비료도 주고 잘 키우면 노후에 열매를 따박따박 딸 수 있을 겁니다. 난 몇 년 전부터 잘 따먹고 있어요. 그 나무가 부디 백 년이 가기를 매일 기도한답니다. 지민 씨, 마음에 열정의 나무를 심으세요.

#건강,일,가족,친구

남편은 내가 나이 들수록 돈돈 한다며 못마땅해합니다. 저도 그러고 싶지 않지만 노후에 대한 불안 때문에 자꾸만 돈에 집착하게 되네요. 지금 삶도 그다지 윤택하지 않은데 까딱 잘못했다간 늙어서 쪽박 차게 될까 봐 겁나요. 자식들이 부모 노후를 책임지는 시대도 아니니 별수 있나요.

From_금주

행복의 수단이
목적이 되지 않도록

나도 이 책을 써서 중년의 후배 여성들에게 뭔가 도움이 되려는 마음만큼이나 책이 잘 팔려 인세를 많이 받기를 바라는 욕심이 있어요. 선한 영향력은 가늠하기 어렵지만, 돈은 확실히 즉각적으로 생활을 윤택하게 해 주니까요. 나도 속물이 확실합니다.

돈에 연연하지 않는 사람이 있을까요? 돈이 많은 사람은 더 많은 돈을 모으거나 혹은 그 돈이 사라질까 봐 돈에 집착하고, 돈이 없는 사람은 어떻게 해서라도 돈을 모으려고 온종일 돈 생각을 할 겁니다. 성직자들도 교회나 절에 헌금이나 시주가 적게 들어오면 불안해하고, 학교를 운영하는 분들도 교육의 질만큼이나 등록금에 신경을 씁니다.

20세기 가장 지성적인 여류작가 버지니아 울프의 일기를 읽다가, 작품 구상이나 삶에 대한 고뇌만큼이나 책이 몇 부가 팔려 인세가 얼마 들어왔다는 등 돈에 연연하는 내용이 많아 놀랐답니다. 《자기만의 방》이란 책에서도 여성이 작가가 되려면 문학적 재능만큼이나 글을 쓸 수 있는 방과 생활할 수 있는 돈이 필요하다고 아주 현실적인 조언을 했죠.

세계적인 문호 도스토옙스키도 영원히 남을 명작을 쓰겠다는 사명감보다 도박 등으로 진 빚을 갚기 위해 소설을 썼어요. 화가 고흐 역시 동생 테오에게 보낸 편지에 "생활비 보내 달라", "물감을 사야 한다." 등 돈 이야기가 민망할 만큼 자주 나오고요. 세계적 문학가나 예술혼에 불타던 화가도 그러한데 평범한 이들이 돈에 집착하는 것은 너무 당연한 일이죠. 돈은 가장 든든하고 믿음직한 노후 대책이고 자식이나 친구보다 나을 때도 있으니까요.

하지만 바른 경제 관념을 가지고 하는 재테크와 지나치게 돈에 집착하는 것은 다르답니다. 돈 때문에 치사한 짓을 하거나, 돈이 아까워 외식 한 번 여행 한 번을 못 하거나, 온종일 돈 생길 궁리만 하고 있다면 그건 집착이겠죠. 명리학에 심취해 사주 공부를 많이 한 기업인이 이런 말씀을 하더 군요.

"사주는 통계학의 일종이라 다양한 분들의 사주를 분석했 어요. 그런데 진짜 부자들의 사주에는 재물이 별로 없더라고 요. 돈을 벌긴 하지만 재투자하기도 하고 '일' 자체에 더 큰 관심이 있어서 그런가 봐요. 그런데 사주에 금 혹은 돈이 많 이 있는 사람이 의외로 재산이 없는 경우가 있는데, 아마 그 런 사람들은 머리에 돈 생각이 가득해서 그런 것 같아요."

지극히 개인적인 주장이긴 했지만 이런 생각이 들었어요. 돈을 잘 벌고 잘 쓸 생각을 해야지, 왜 그렇게 돈돈해서 지니 고 있던 돈의 기운마저 허비할까, 라는. 노후에 대한 걱정과 공포 때문에 현재의 삶을 가난하게 만들거나 남편에게 속물 이란 비난을 받는다면 돈에 대한 생각을 바꿔 볼 필요가 있 을 것 같아요.

헤어디자이너 그레이스 리 선생은 자타공인 미식가였어 요. 미각도 탁월했지만 식자재나 요리법에 대한 지식도 해박 해 국내는 물론 전 세계를 다니며 식도락을 즐겼고 말년엔 식당도 열었습니다. 자신의 배를 두드리며 "여기 들어간 음 식값만 아파트 두 채 값이야. 그래도 추억과 기쁨은 돈 주고도 못 사니까 만족해"라던 선생님의 미소가 아직도 그립답니다.

비슷한 연배의 한 여성은 서울 시내에 건물이 여러 채 있고 받는 월세만 샐러리맨의 연봉 수준이라고 소문이 났습니다. 그런데 남을 못 믿어 건물 사무실 월세 관리를 본인이 직접 하느라 항상 이동하는 차 안에서 김밥이나 햄버거로 끼니를 때우고 장부 정리가 일이었죠. 미혼인 그분이 갑자기 뇌졸중으로 돌아가시자 그분을 돌보지도 않던 조카들이 유산을 상속받았답니다. 그 두 분의 삶을 보며 돈은 삶에 필요한 수단이지, 목적이 되어서는 안 된다고 생각했어요.

재산을 잘 키우고 통장 관리도 잘해야겠지만, 돈 걱정만 한다고 노후의 행복이 보장되지는 않습니다. 내일보다 내세가 먼저 올 수도 있어요. 오늘 당장 죽을 수도 있으니까요. 그러니 금주 씨, 돈 걱정만 하느라 돈으로 살 수 없는 지금 이 순간을 허비하지 마세요. 돈 들이지 않고도 누릴 수 있는 많은 기쁨을 흘려보내지도 말고요. 언제 한 번 내가 밥을 살 테니 돈 걱정 말고 나와서 재미있는 수다나 떱시다. 비싼 음식도 가능해요. 그때쯤 이 책의 인세를 받을 테니까요.

#그렇게심각할필요없어대박나라!

노후에 대한 걱정과 공포 때문에
현재의 삶을 가난하게 만들거나
남편에게 속물이란 비난을 받는다면
돈에 대한 생각을 바꿔 볼 필요가 있을 것 같아요.

경제력이 부족한 남편이 자꾸 원망스럽고 화가 납니다. 가장 아닌 가장으로 살고 있는데 남은 노년도 그렇게 될까 봐 두렵고 슬퍼요. 편안한 노후를 바라는 게 큰 욕심일 줄은 몰랐는데 말이죠…. 아마 평생 일하다 죽지 않을까 합니다.

From_경림

삶의 주도권이
내게 있다는 것

　남편의 경제력이 '부족'하다고 쓴 걸 보면 적게나마 경제 활동을 하거나 수입이 있나 봐요. 그것만으로도 살짝 부럽습니다. 내 남편은 수입이 전혀 없는 백수거든요. 결혼 전에는 청년 실업가였는데 이제 노인 실업자가 됐어요. 신혼 무렵엔 서울 중심가에 건물도 있고 기사가 딸린 차를 타고 다니던 사람이라 비교체험 극과 극 같답니다.

　남편이 없다면 차라리 덜 억울할 것 같은데, 버젓이 가장으로 자리를 차지하면서도 나 혼자 생계를 책임져야 하기에 '귀신은 뭐 하나, 저 인간 안 잡아가고'란 푸념이 절로 나올 겁니다. 내 남편은 사업하다 망해서 다시 사고를 안 치는 것이 가정경제에 도움이 되긴 하지만, 그래도 잘나가던 때가 생각나서 나도 가끔 미련을 못 버리고 물어봐요. "여보, 혹시 숨겨 둔 금괴나 당신도 모르는 문중 재산이 있는 거 아냐?" 그때마다 남편은 단호하게 "없어"라고 답합니다. 일말의 기대조차 차단하네요.

나의 중년은 새벽부터 밤늦도록 일한 기억이 대부분이에요. 신문사 기자 월급으로는 빚을 갚거나 생활하기도 빠듯해서, 책도 쓰고 방송도 하고 강의도 다니는 등 내 능력으로 할 수 있는 모든 일을 했어요. 몸이 아파도 바빠서 병원에 갈 생각을 못 했고, 돈을 벌어봤자 금세 손가락 사이로 빠져나가는 모래처럼 사라져서 허탈하기만 했답니다.

나도 처음엔 '남편 때문에'란 생각을 많이 했어요. 그런데 남편에 대한 원망으로 집안 분위기를 어둡게 만들고 나한테 상처를 주느니 생각을 바꾸기로 했습니다. 나를 위해서요. 더 능력 있는 사람이 돈을 벌면 된다, 덕분에 나의 잠재력도 발견하고 자아도 강해진다, 남편을 아들이라고 여기자… 어쩌면 차악의 선택이었죠. 남편에게 돈을 벌라고, 가장의 책임을 다하라고 더 강력하게 다그쳤어야 했는지도 몰라요. 괜히 나를 너무 믿게 했다는 후회도 가끔 했으니까요.

만약 경림 씨 남편이 게임중독 등 다른 취미에 빠져 경림 씨만 의지하고 경제 활동을 하지 않는다면 이혼 요구 등 극단적인 방법을 취해야 할지도 몰라요. 하지만 일이 제대로 안 풀려서 노력해도 미미한 수입만 올리는 거라면 화내거나 하소연을 한다고 크게 달라지지는 않을 거예요.

한 여성은 대학교수인데 그녀의 남편은 대학 강사예요. 사회적 지위나 월급이 아내가 월등하죠. 시댁에서 물려받을 유산도 없어요. 그런데도 교수는 "내 남편은 운이 안 따라 준 것 같아요. 난 그의 학문 세계를 존중하고 남편은 나의 바쁜 일상을 다 이해하니 된 거죠. 열등감 없이 자신의 공부나 취미 활동에 활발한 남편이 고마워요"라고 말합니다.

가끔 "당신 노후 대책은 뭐야?"하고 물으면 남편은 해맑은 미소로 "네가 있잖아"라고 말해요. 그럴 땐 한 대 쥐어박고 싶기는 해도, 알량한 월급봉투 던져 주며 사업한다는 핑계로 술집이나 전전하던 사업가 남편보다는 이빨 빠진 실업자일지언정 지금의 남편이 더 낫답니다. 가끔 뭔가를 사 달라고 조르는 남편을 보면 명품 가방 사 달라고 조르는 철없는 마누라를 둔 남편의 심정을 헤아리게도 되고요.

그리고 본의 아니게 가장 역할을 하며 내 커리어도 쌓았고, 가정과 삶의 주도권을 내가 가진 것도 좋아요. 무엇보다 내 일에는 아무 간섭도 잔소리도 하지 않는 남편 덕분(?)에 자유롭게 일할 수 있으니 죽기 전까지 평생 일할 내 팔자에 감사할밖에요.

이제 남편은 육십 대 후반, 또래 남자들은 대부분 은퇴한 노인이 되었습니다(지하철도 공짜로 타요!). 이젠 백수인 것이 당연한 상황이니 분노나 짜증을 낼 이유도 없어졌어요. 나이가 드니 건강만 잘 유지하면 크게 돈 들어갈 일이 없거든요.

경림 씨, 노년이 슬플 거라고 벌써 예단하지 말아요. 빠듯하겠지만 노후대비 저축도 하고 운동이든 취미 활동이든 나이 들어서도 스스로 누릴 기쁨을 찾아보세요. 100세 시대에 노년에도 일하는 것을 너무 비참하거나 불행하다고 생각하지 말고, 자신의 능력을 마음껏 발휘하는 거라고 생각을 바꿔 보세요. 자학이나 원망은 아무 도움이 안 된답니다.

벌써 자신의 칠순 생일에 갈 여행 계획에(내가 모든 비용을 지불할 테죠) 들떠 있는 남편을 보면 한숨이 나옵니다만, 팔자에 없는 막내아들(?)의 칠순 여행을 위해 적금이라도 들까 궁리 중입니다.

#누가저인간좀잡아가요